子育てハッピーアドバイス
もっと知りたい
小児科の巻 2

小児科医
吉崎達郎
スクールカウンセラー・医者
明橋大二 ほか
イラスト✽太田知子

1万年堂出版

はじめに

「もっと知りたい！」皆さんのご質問に、9人の医師で答えます

吉崎　達郎

『小児科の巻』には、毎日、たくさんの方から愛読者カードを頂いています。そこには、子育てに奮《ふん》闘《とう》しているママやパパの姿が書かれています。病気のときはもちろん、元気なときも、子どものことを案じ続けている親の姿には、心打たれるものがあります。そのようにして自分も育てられてきたのだと、「親の恩」を知らされる思いがします。

前著では、よくある質問にお答えしましたが、「もっと知りたい！」という要

望が大きく、続編を刊行することになりました。カバーする分野が広がりますので、真生会富山病院の各科の医師にも執筆《しっぴつ》してもらいました。

耳と鼻とのどを専門にしているのが耳鼻科、皮膚《ひふ》を専門にしているのが皮膚科《ひふか》、目を専門にしているのが眼科、歯の専門なら歯科ですが、子どものこと全般《ぜんぱん》を専門にしているのが、小児科です。ですから、どの科を受ければよいかわからないときは、まず「小児科」へ行くのがよいと思います。

その症状《しょうじょう》によって、どの科にかかるのがふさわしいか、相談に乗るのも、かかりつけ医である小児科医の大事な役割なのです。

ただし、次に示したような場合は、それぞれの科を直接、受けたほうがスムーズにいくと思いますので、病院を選ぶ目安にしてください。

＊耳だれ
＊耳の聞こえが悪いのではないか心配
＊いびきがうるさい
＊口で呼吸をしている（いつも口が開いている）
＊寝《ね》ているときに、短時間だが息が止まっているのではないかと思うことがある
＊耳痛
＊ひどい鼻水・鼻づまり

耳鼻科へ…

＊やけど
＊いぼ
＊水いぼを取りたい
＊あざの治療《ちりょう》希望
＊ほくろ
＊動物にかまれた

皮膚科へ…

＊目が一方に寄っている（斜視《しゃし》？）
＊目にゴミが入った
＊目がひどく充血《じゅうけつ》している
＊涙目《なみだめ》・目やにが何日も続く
＊視力が落ちたのでは？

眼科へ…

＊頭を打った

脳神経外科へ

＊切り傷
＊擦《す》り傷《きず》

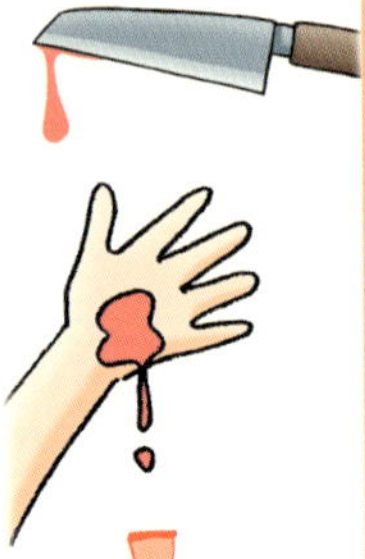

外科へ

＊骨折したかも
＊脱臼《だっきゅう》
＊ねんざ
＊つめがはがれた

整形外科へ

＊突然《とつぜん》の激痛とともに、陰嚢《いんのう》が赤くはれる

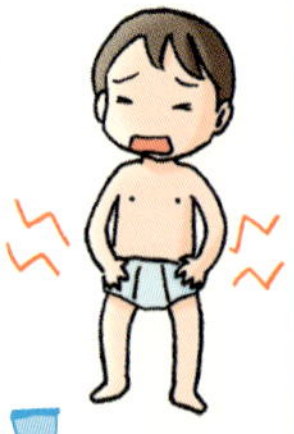

泌尿器科へ

＊発達障害（自閉症《じへいしょう》、ADHD、広汎性《こうはんせい》発達《はったつ》障《しょう》害《がい》、学習障害など）ではないかと強く疑っている

小児神経科あるいは児童精神科へ

もくじ

子育てハッピーアドバイス
もっと知りたい　小児科の巻2

耳鼻科

耳鼻科

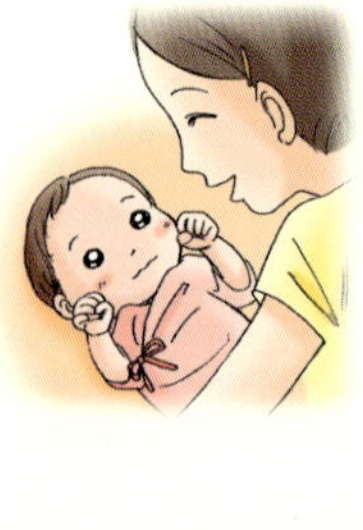

もくじ

皮膚科

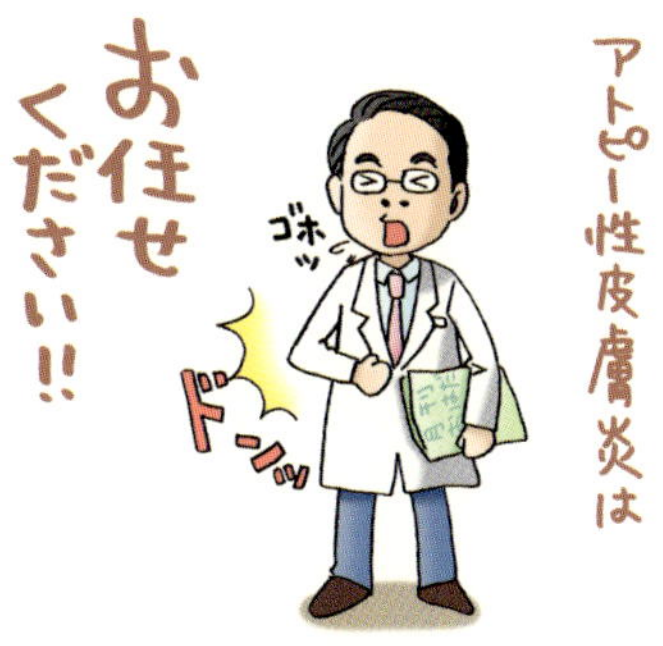

アトピー性皮膚炎は
お任せください!!
ゴホッ
ドーンッ

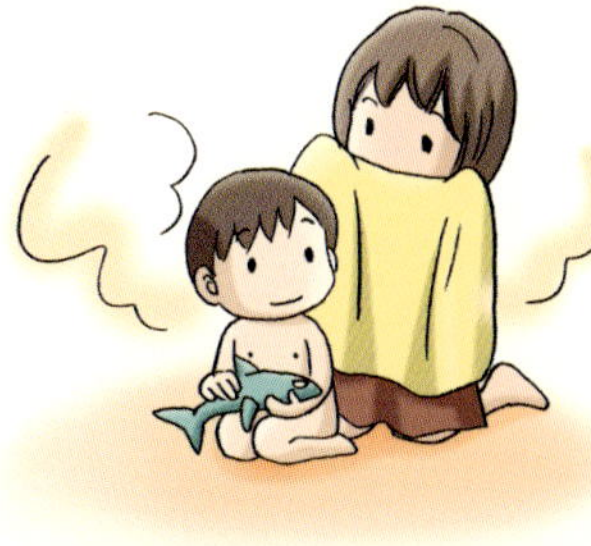

皮膚科

Dr.明橋の相談室

歯科

歯科

眼科

眼科

小児科

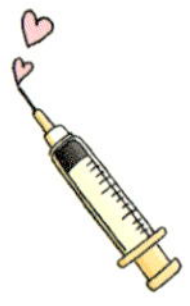

耳鼻科

耳鼻咽喉科医
真鍋 恭弘
徳永 貴広

耳と鼻なら
ボクにお任せ!

耳鼻科は、正式には「耳鼻咽喉科」といって、「耳・鼻・のど」を専門に診る所です。この３つは、つながっていますので、実はとても関係が深いのです。子どもに多い、鼻炎（鼻の風邪）、中耳炎（耳の風邪）、へんとうせん炎（のどの風邪）などは、耳鼻科の担当です。

それと、意外と知られていない耳鼻科の仕事に、「耳掃除」と「鼻水の吸引」があります。子どもは嫌がることが多いので、家で困ったときは受診してください。スッキリ取れますよ。

音楽を聴いたり、花のステキなにおいをかいだり、おいしいご飯を味わったり……。みんな、「耳・鼻・のど」が健康でないとできません。耳鼻科は、それらのメンテナンスをしている、大切な診療科なのです。

鼻水が続くときは、どうすればいい？

Q 熱は下がったのですが、鼻水・鼻づまりがなかなか治まりません。耳鼻科へ行ったほうがいいのでしょうか？

鼻水は大切な防衛反応

風邪《かぜ》を引いたときの鼻水は、外からのウイルスや細菌《さいきん》を排除《はいじょ》してくれる、大切な防衛反応《ぼうえいはんのう》です。とはいうものの、熱が下がって、1週間たっても、1カ月たっても、鼻水が続くときは、心配になりますよね。でも、**2歳ごろまでは、鼻水の続くことはよくあること。成長とともに落ち着いていきます。これは鼻の構造が未熟なためで、機嫌《きげん》がよければあわてなくて大丈夫《だいじょうぶ》です。**まずは、家でできる鼻のケアをしてあげましょう。

それ〜っ
ズル〜
あ〜れ〜

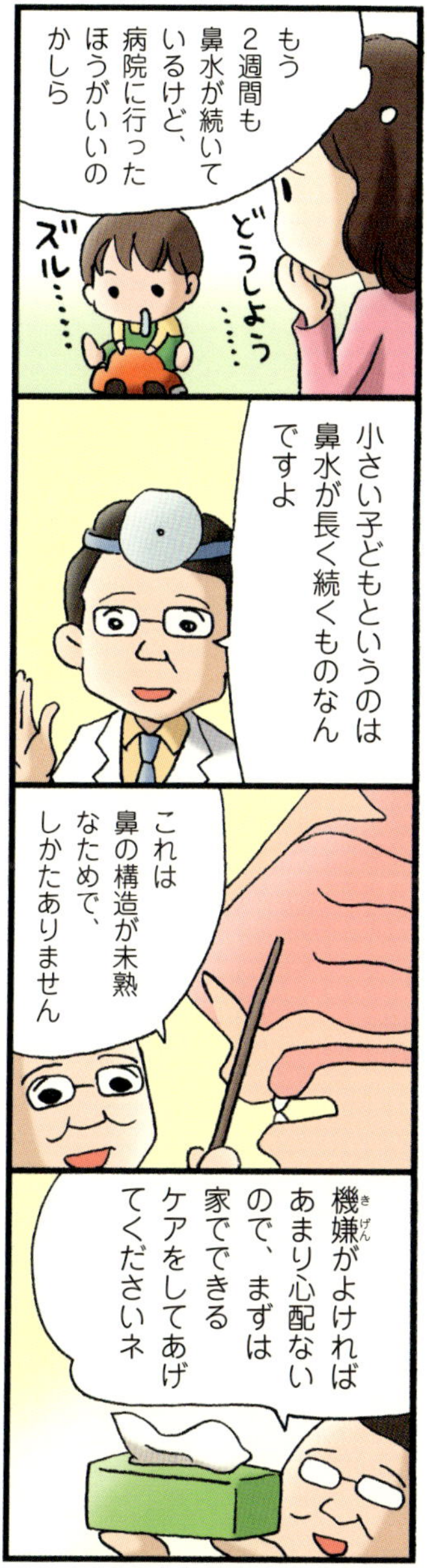
もう2週間も鼻水が続いているけど、病院に行ったほうがいいのかしら
どうしよう……
ズル……
小さい子どもというのは鼻水が長く続くものなんですよ
これは鼻の構造が未熟なためで、しかたありません
機嫌《きげん》がよければあまり心配ないので、まずは家でできるケアをしてあげてくださいネ

大切なのは「鼻水をためないこと」

ケアで大切なのは、鼻水を吸い取ることです。鼻水がたまっていると、そこに炎症物質《えんしょうぶっしつ》をとどめてしまい、治りが遅《おそ》くなることがあるからです。また、鼻水がのどに垂《た》れ込《こ》めば、それを追い出そうとして、セキが続く原因にもなります。

赤ちゃんなら、ベビーショップなどで売っている、鼻水を吸う器具を使うといいでしょう。いろいろな器具が売られていますが、器具の先端《せんたん》がポイントで、鼻の穴にピッタリくっつけて吸うタイプ（上図）がお薦《すす》めです。最近は吸引力の強い電動式もあって便利ですが、これも同じく、鼻の穴にフィットするタイプの器具を使わないと、うまく吸い取れません。「あまり吸ったら、鼻に傷がつくのでは？」と心配されるかもしれませんが、そんなことはありません。怖《こわ》がらず、思い切って吸ってください。コツは、赤ちゃんの鼻の頭を押《お》し上《あ》げながら吸うことです。奥《おく》にある鼻水までよく吸えます。

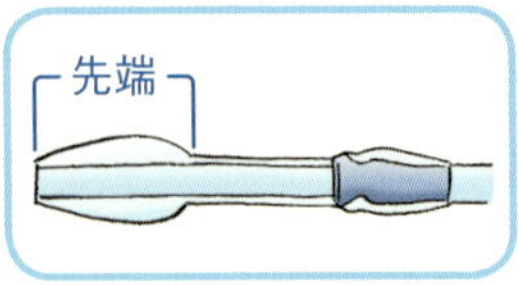

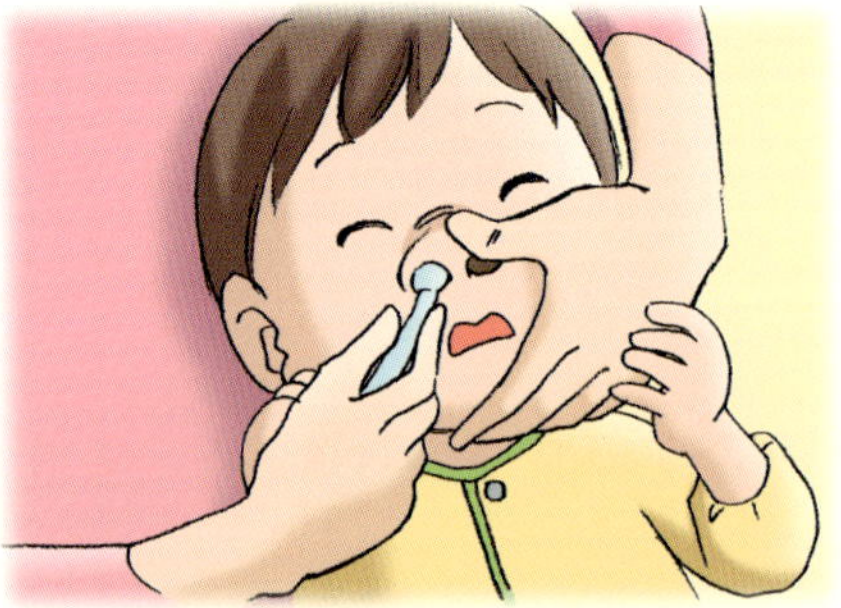

ブタのように鼻の頭を押し上げて吸うと奥の鼻水までよく吸えます

大きくなって鼻がかめるようになったら、片方ずつゆっくりと、しっかりかむようにしましょう。あまり強くかむと耳が痛くなりますし、家でうまくできないときは、耳鼻科を受診《じゅしん》してもらえばきれいに吸うことができますよ。

ああっ
さっき鼻をかんだばかりなのに!!
たれ～
かんだそばからまた鼻水が出てくるんだから
もうやーめた!
もう、いちいち鼻をかんでいても、きりがないわ
ハイハイちょっと失礼しますよ～
鼻水をためておくと病気の原因になることがあります
ためません
大切なのは鼻水をためないことです!!
はい チンは! 反対も
チン!

鼻づまりがラクになる方法

鼻づまりがひどいときは、鼻を温めたり、湿気《しっけ》を与《あた》えたりすると効果的です。鼻がつまっているときは、鼻の中の粘膜《ねんまく》がむくんで、血液の流れが悪くなっています。温めて血流がよくなると、むくみも取れ、鼻づまりが楽になります。また、固まった鼻水もやわらかくなって、出やすくなるのです。具体的には、

- **温かいぬれタオルをしばらく鼻に当てる**
- **お風呂《ふろ》に入る**

などです。鼻を温めたあと、鼻水を吸引したり、かんだりすると、通りがよくなります。

ケアをしても、鼻づまりが強くて寝苦《ねぐる》しそうなとき、「はなすすり」をしてつらそうなときは、

温かいタオルを当てる
いい気持ち……
チーン
ぬらしたタオルをレンジで1分
お風呂に入る
ほわーん

鼻を温めたり、湿気を与えたりすると、鼻をかみやすくなります

一度、耳鼻科を受診《じゅしん》してください。炎症《えんしょう》が長く続いている可能性があります。

副鼻腔炎（ちくのう）と、アレルギー性鼻炎

鼻の炎症《えんしょう》が長く続いているのを、「鼻炎《びえん》」といいます。**子どもがなりやすい鼻炎《びえん》には、「副鼻腔炎《ふくびくうえん》（ちくのう）」と、「アレルギー性鼻炎《せいびえん》」があります。**

副鼻腔炎《ふくびくうえん》は、黄色いドロッとした鼻水（いわゆる青っぱな）が出る鼻炎《びえん》です。細菌《さいきん》やウイルスによる炎症《えんしょう》が鼻の中で長く続いているため、色のついた鼻水になるのです。冬に保育園で見かける青っぱなの多くは、実は副鼻腔炎《ふくびくうえん》なのですが、しばらくすると気にならなくなる子がほとんどです。細菌《さいきん》やウイルスを退治し終わると、鼻水は自然に出なくなるのです。

アレルギー性鼻炎《せいびえん》は、透明《とうめい》な鼻水が出る鼻炎《びえん》です。これはアレルギー体質によるもので、外からやってくるチリやホコリなどの異物に、過敏《かびん》に反応《はんのう》するために起こります。

お母さんが鼻水を心配して、「ちくのうかな？」「アレルギー性鼻炎《せいびえん》かな？」と思っても、

たいていは自然に治まります。また、2歳ごろまでは鼻の構造上、よく鼻水が出るものです。ただ、それより大きい子どもで、2週間以上続いているときは、鼻炎《びえん》の可能性を考えて耳鼻科にかかったほうがよいでしょう。

鼻水が続いているけれど、
これは防衛《ぼうえい》反応《はんのう》だから
必要なこと!!
わーっ
びろ〜ん
もちろん、
鼻水は大切な防衛《ぼうえい》反応《はんのう》なので
生活に支障がなければ薬をのまずに自然治癒《しぜんちゆ》させるに越《こ》したことはありません
あら?
ただ、子どもの鼻水が長く続く場合
鼻の中で炎症《えんしょう》を起こしている可能性もあります
それは対処したほうが早く治りますよ

耳鼻科でしかやっていない「鼻ミスト」

副鼻腔炎《ふくびくうえん》やアレルギー性鼻炎《せいびえん》の場合、必要であれば炎症《えんしょう》を抑《おさ》えたり、鼻水を出しやすくしたりする薬を処方します。**飲み薬は小児科でも内科でも処方されますが、耳鼻科でしかできないのは、ネブライザー（吸入器）で鼻の中に薬を入れることです。**器械から管を通って出てくる薬の霧《きり》（ミスト）を、鼻の中に行きわたらせることができます。しっかり鼻水を吸ったうえで、直接、鼻に薬で働きかけることで、治療《ちりょう》の効果は倍増していきます。

なら一度、病院に行ってみるか……
その場合、小児科に行ったらいいの？ それとも耳鼻科？
どちらに行かれても鼻水の対処は適切にしますし、「ちくのう」「アレルギー性鼻炎《せいびえん》」かどうかもわかります
行きやすい所があれば、どちらを選択《せんたく》されても問題はありません
ただやはり、「鼻」「耳」に関することは
パオーン
耳鼻科のほうがより専門的な分野です
鼻に直接薬を吸入できるのは耳鼻科だけですし
この機会に耳鼻科のかかりつけ医を見つけてみてもいいですね
シュー

これがネブライザーです

風邪を引くとなる「中耳炎」の謎

Q うちの子は風邪を引くと、
よく中耳炎になるのですが。

その正体は、「耳の風邪《かぜ》」

「鼻の風邪《かぜ》」や「のどの風邪《かぜ》」はよく聞きますが、「耳の風邪《かぜ》」という言葉は聞きませんよね。でも、**「耳・鼻・のど」はつながっていますから、風邪《かぜ》を引けば、それが耳にうつることがあるのです。**それを「耳の風邪《かぜ》」と呼ぶなら、「耳の風邪《かぜ》」イコール「中耳炎《ちゅうじえん》」といえます。

耳と鼻は、「耳管」という細い管でつながっています。エレベーターやトンネルで、耳が詰《つ》まったように感じたとき、あくびをしたり、つばをのみ込《こ》んだりすれば、パカッと元に戻《もど》ります。あれは、耳管が開いて、中の気圧が調整された状態です。

小さいうちは、その耳管が太くて短いため、鼻からウイルスや細菌《さいきん》が耳に入りやすく、中耳炎《ちゅうじえん》になることが多いのです。

3歳ごろまでは、「風邪《かぜ》を引くたびに中耳炎《ちゅうじえん》になる」という子どももいますが、決してクセになるということはありません。

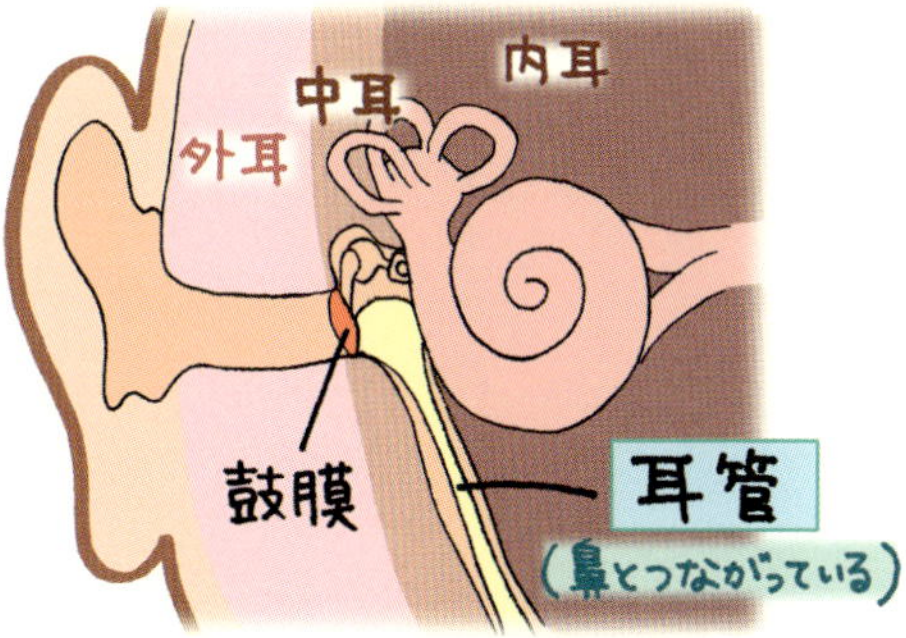

小学校に上がるころには、ずっと減りますよ。

おはようございます。中耳炎《ちゅうじえん》になりました
あら、また？
中耳炎《ちゅうじえん》は一度やったらクセになるっていうからねえ
そうね。なる子は何度もなるわよね
小さい子は耳の構造によって、なりやすくなっているだけで
「中耳炎《ちゅうじえん》になりやすい体質」ということはありません
小学校に上がるころにはずっと減りますよ！
よかった！
ほっ

中耳炎《ちゅうじえん》には、大きく分けて2つあります。「痛い中耳炎《ちゅうじえん》（急性中耳炎《きゅうせいちゅうじえん》）」と、「水がたまる中耳炎《ちゅうじえん》（滲出性中耳炎《しんしゅつせいちゅうじえん》）」です。

「痛い中耳炎」の応急手当

耳に鼻風邪《はなかぜ》の炎症《えんしょう》がうつったのが、急性中耳炎《きゅうせいちゅうじえん》です。

突然《とつぜん》、「耳が痛い」と言って泣きだしますので、本当にあわててしまいます。特にそれが夜中の場合、「すぐに受診《じゅしん》しないと、このまま耳が聞こえなくなってしまうのでは？」などと思ってしまいますが、その心配はいりません。すぐに受診《じゅしん》しなかったことで、聞こえが悪くなるということはありません。

落ち着いて、痛み止めがあれば、使ってください。小児科で処方される「解熱剤《げねつざい》」は、痛み止めにもなりますので、飲み薬でも座薬でも、解熱用《げねつよう》に処方されたのと同じ分量を使って大丈夫《だいじょうぶ》です。「熱がないのに解熱剤《げねつざい》を使ったら、体温が下がるのでは？」という心配はいりません。

薬が手元にないときは、タオルや氷嚢《ひょうのう》で耳元を冷やしてください。手足のケガで赤くはれたとき、そこを冷やすと痛みが治まるように、中耳炎《ちゅうじえん》も痛み始めの30分ほど冷やせば、次第に痛みは治まっていきます。治まれば、翌朝の受診《じゅしん》でも決して手遅《ておく》れになるような病気ではありません。

赤ちゃんの場合、痛いと言わないのでわかりにくいのですが、「泣きやまない（不機嫌《ふきげん》）」「耳を気にしている」「耳だれがある」などの症状《しょうじょう》があれば、一度、耳鼻科を受診《じゅしん》したほうがいいですね。

軽い中耳炎《ちゅうじえん》の多くは、自然治癒力《しぜんちゆりょく》で治ります。ただ、炎症《えんしょう》がひどいときは、飲み薬や、点耳薬を処方します。場合によっては抗《こう》生物質《せいぶっしつ》を使いますが、短期間にピンポイントで使用しますので、抗生物質《こうせいぶっしつ》だからといって、副作用を心配することはありません。

また、耳のことで受診《じゅしん》しても、耳鼻科では必ず、鼻も診察《しんさつ》します。中耳炎《ちゅうじえん》の元は鼻にありますから、同時に治療《ちりょう》することが大切なのです。

一つお願いしたいのは、治療《ちりょう》が始まったら、「痛い」と言わなくなっても、次の診察日《しんさつび》には必ず来てほしいということです。痛みがなくなったからといって、中耳炎《ちゅうじえん》が治ったわけではないのです。治るまで、1、2週間かかるのがふつうです。

急性中耳炎の対処法

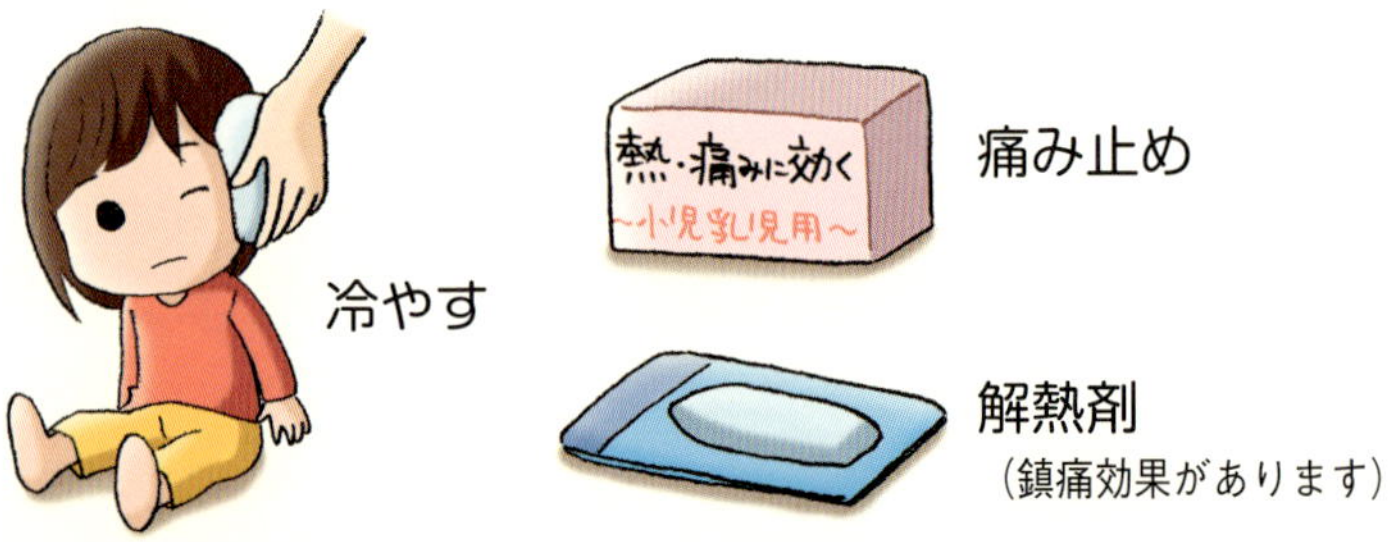

どうも聞こえが悪い？と感じたら

「え〜？　痛くない中耳炎《ちゅうじえん》なんてあるの？」という声が聞こえてきそうですが、実はあるのです。

ふつう、炎症《えんしょう》で耳の奥《おく》に水（粘液《ねんえき》）が出てきても、耳→耳管→鼻→のどへと運ばれ、胃の中へのみ込《こ》まれてしまいます。だから、耳には水がたまらないのです。

ところが、**鼻炎《びえん》で鼻の粘膜《ねんまく》がむくんでいたり、鼻水がたまっていたりすると、その流れがストップし、耳の中にも水がたまってしまいます。これを「水がたまる中耳炎《ちゅうじえん》（滲出性《しんしゅつせい》中耳炎《ちゅうじえん》）」といいます。**

通常の場合

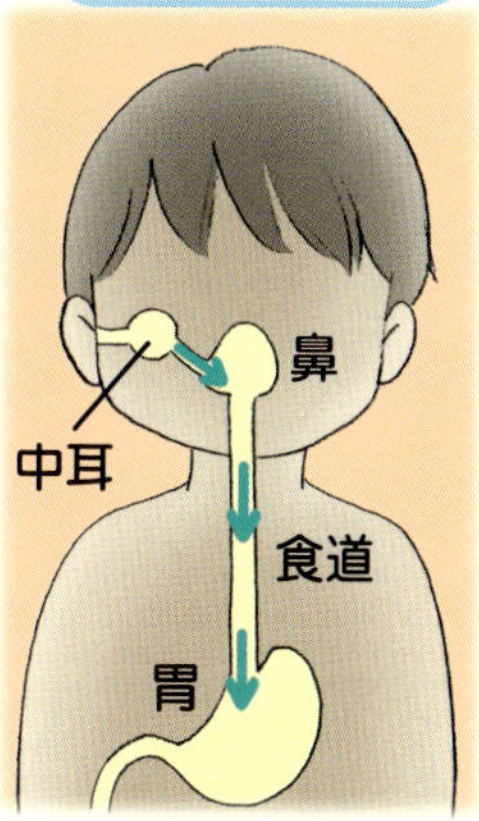

耳の奥に水が出てきても、ふつうは鼻からのどへ運ばれ胃の中へのみ込まれていきます

滲出性中耳炎

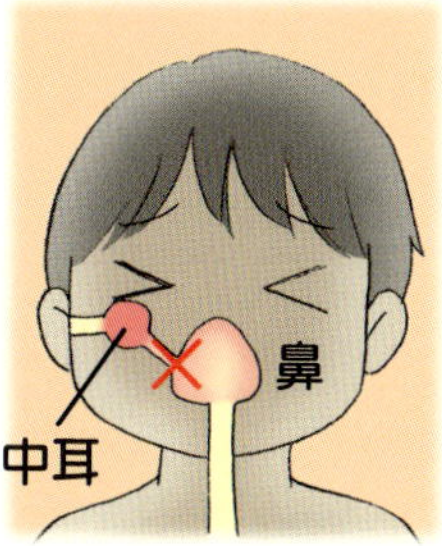

鼻の粘膜がむくんでいたり、鼻水がたまっていたりすると水の流れはストップし、中耳にたまってしまいます

「最近、声をかけても返事をしないことが多いな」というのは、小さい子どもにはよくあることですが、**どうも聞こえが悪い？と感じたら、もしかしたら耳に水がたまっているのかもしれません。一度、耳鼻科を受診《じゅしん》してみてください。**耳にたまった水が取れれば、聞こえは元に戻《もど》りますから心配しなくても大丈夫《だいじょうぶ》です。

治療《ちりょう》には、飲み薬、耳への風通し※、それから鼻水の吸引や、鼻への薬の吸入があります。最近はよい飲み薬もでき、「中耳炎《ちゅうじえん》になったら、通院がたいへん！」ということもなくなりました。通院回数は、だいたい週に1回程度になってきているようです。

※耳への風通し

図のようなポンプで鼻から耳管に風を入れ、耳の中を乾《かわ》かす治療法《ちりょうほう》です。たまった水は、乾《かわ》かせば治ります。痛みはなく、家でできる「オトベント」という風船治療《ふうせんちりょう》もありますので、詳《くわ》しくは耳鼻科医にご相談ください。

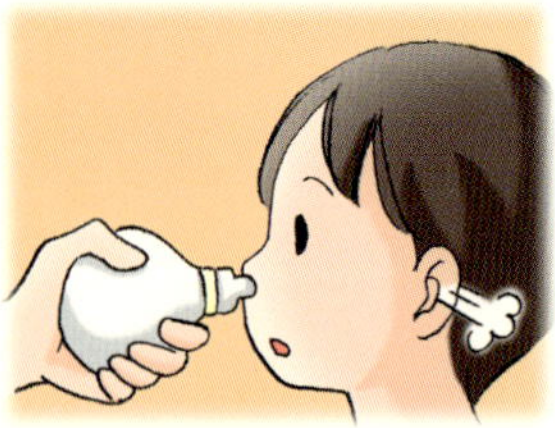

ばあーっ
きゃきゃきゃ
ん?
ダラーン
ギャー
どうした!?
ばんっ
み、耳から見たコトもない液体が○♨#¥Z……
へなー
何だコレは!! 耳が聞こえなくなったらたいへんだ!!
きゅ、救急車!!
いや、救急センターでしょ!!
あわあわ
あわ
あわわあわわ
センセーお話してるよ
あぶー
中耳炎《ちゅうじえん》はそれほど急を要する病気ではありませんし、耳が聞こえなくなる心配もありません
保育園に行ってもいいですが
痛いときは痛み止め、解熱剤《げねつざい》を使うか、冷やすなどして対処してください
一度受診してくださいね

「鼓膜切開」「チューブ挿入」は恐ろしい？

「水がたまる中耳炎《ちゅうじえん》」が、なかなか治らないときには、「鼓膜切開《こまくせっかい》」や「チューブ挿入《そうにゅう》」という治療法《ちりょうほう》があります。何だか聞くだけで恐《おそ》ろしくなってきますが、**医師から「鼓膜切《こまくせっ》開《かい》が必要です」と言われても、そんなに落《お》ち込《こ》むことはありません。**実際は、耳の穴に少し麻酔薬《ますいやく》を垂らし、鼓膜《こまく》をチョンとつついてうみを出したり、そこに長さ3ミリほどの小さなストロー状のチューブを入れて、風通しをよくしたりするものです。**痛みはありませんし、治療《ちりょう》はすぐに終わります。**鼓膜《こまく》は、切っても穴を開けても、再生しますし、日常生活が制限されることもありません（プールで深いところまで潜《もぐ》るようなときは、耳栓《みみせん》が必要です）。このチューブは、たまっている水の量によって、数カ月で自然に抜けるタイプの物から、2年くらい入れたままの物まで、種類はまちまちです。

プールで、中耳炎にはなりません

「プールで中耳炎《ちゅうじえん》になる」といわれることがありますが、これは間違《まちが》いです。

中耳炎《ちゅうじえん》というのは、鼓膜《こまく》の内側（中耳）に、細菌《さいきん》やウイルスが入ることをいいます。仮に外から水が入ってきても、水は鼓膜《こまく》でブロックされ、内側には入ってきません。プールでよくいわれるのは、外耳炎《がいじえん》（鼓膜《こまく》の外の炎症《えんしょう》）です。だから、**「外耳炎《がいじえん》がひどくなって、中耳炎《ちゅうじえん》になる」ということもないのです。**ただ、プールと中耳炎《ちゅうじえん》は関係がないといっても、強い炎症《えんしょう》があって耳が痛いときは、控《ひか》えたほうがいいでしょう。痛みがなければ入れますが、心配なら耳鼻科医に聞いてください。

中耳炎《ちゅうじえん》で通《かよ》っていた子と、そのお母さんに、「治りました」と説明すると、皆《みな》さん、「プールに入れますか？」と聞かれます。そんなときは、必ず「大丈夫《だいじょうぶ》ですよ」と答えています。その瞬間《しゅんかん》の子どものうれしそうな顔を見ると、こちらまでうれしくなります。

もちろん、**お風呂《ふろ》のお湯が耳に入って中耳炎《ちゅうじえん》になるということもありませんので、安心してください。**ですから、赤ちゃんを入浴させるときも、耳をふさぐ必要はありません。

最近の
新生児入浴法では
耳を
耳たぶで
押さえません
プカ〜

花粉症の原因、調べます

Q 最近、花粉症が増えているそうですが、子どもにも多いのですか？

夏に増えた、子どもの花粉症

アレルギー性鼻炎《せいびえん》のうち、花粉が原因のものを「花粉症《かふんしょう》」といいます。有名なのが春に起きる「スギ花粉症《かふんしょう》」ですが、時々、お母さんの中に、

「何年も前から、夏になるとよく鼻水を出していますが、花粉症《かふんしょう》とは季節が違《ちが》うし、そのうち治るので放っていました」

と言う人がありますます。**実は、これは、最近、子どもに増えている雑草の花粉症《かふんしょう》なのです。**スギの季節が終わった、5月から7月に花粉を飛ばす草が原因で起こります。

元気にグラウンドを走り回る子どもに多く、耳鼻科に行けば、血液検査ですぐに診断《しんだん》できます。

鼻炎《びえん》を起こさせるようなホコリやダニ、花粉などは、その種類まで検査で特定することができます。原因がわかれば、悪化を防ぐ方法は、いろいろありますので、鼻水が気になったら、受診《じゅしん》してみてください。

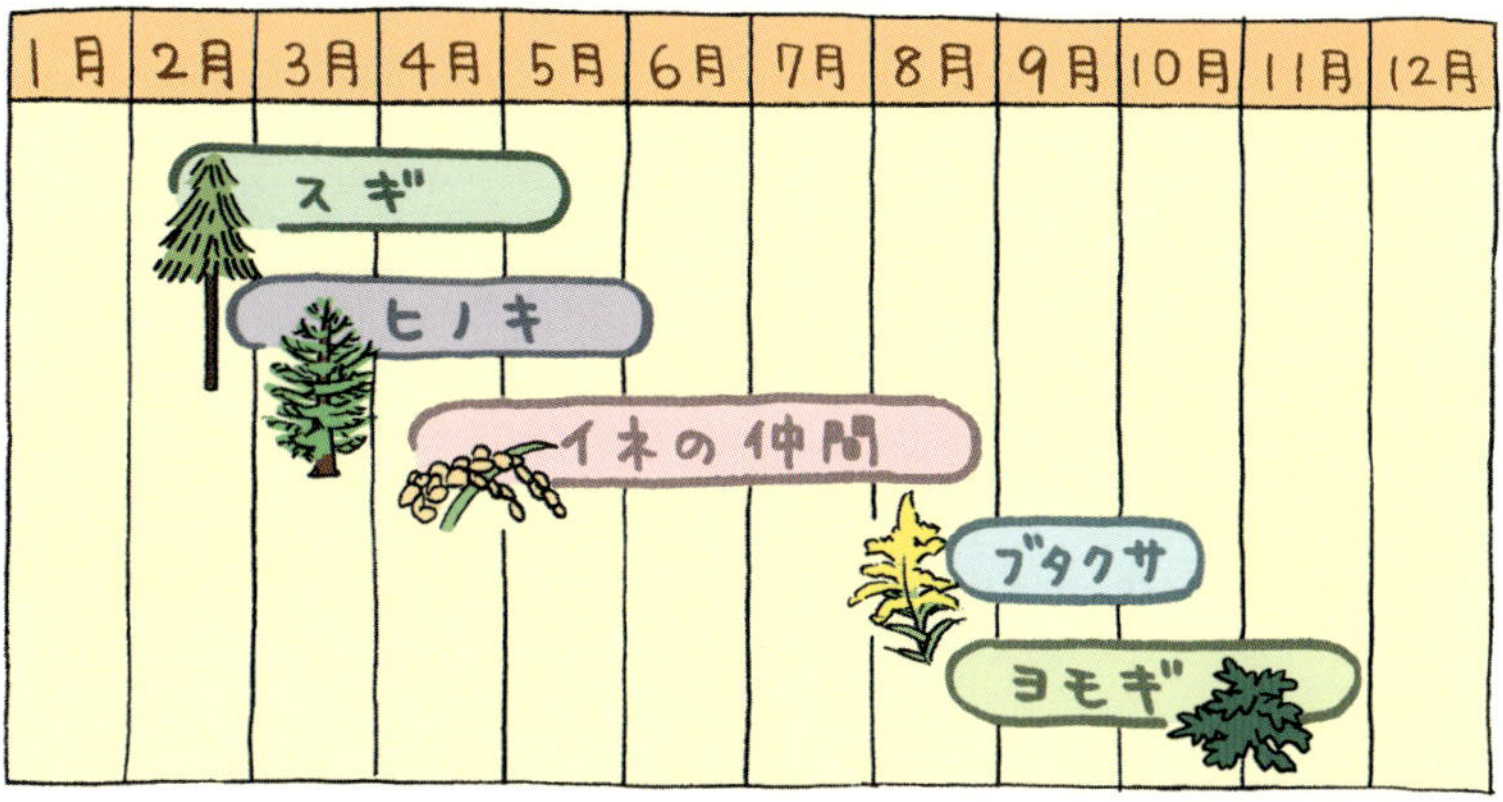
1月
2月
3月
4月
5月
6月
7月
8月
9月
10月
11月
12月
スギ
ヒノキ
イネの仲間
ブタクサ
ヨモギ

花粉症や鼻炎の悪化を防ぐ方法

花粉の場合

・原因となる花粉が飛んでいる時期には、家に入る前に体をはたいて、できるだけ花粉が家に入らないようにする

・花粉の飛んでいる時期には、布団や洗濯物を外に干さない

・帰ってきたら手洗い、うがいを行う

ハウスダスト（ホコリやダニ）の場合

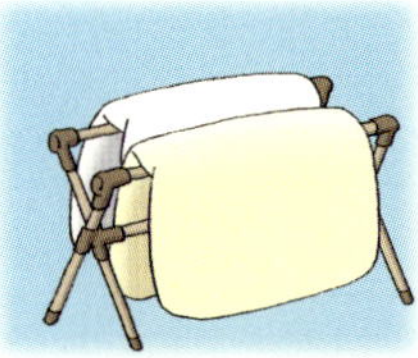

・布団をよく乾燥させ、ダニを退治する

・可能ならじゅうたんを外して、フローリングにする

気持ちのいい耳掃除のコツ

Q 耳掃除を嫌がって、したがりません。耳あかがたまりすぎて、病気になるようなことはありますか？

耳あかは外に押し出されるようにできています

「耳あかは、毎日掃除《そうじ》したほうがいいのですか？」と、聞かれることがありますが、毎日する必要はありません。多くても月に2、3回でよいですし、かえって触《さわ》らないほうが耳のためになることがあります。

耳の穴（外耳道）も、手や足と同じ皮膚《ひふ》でできています。皮膚《ひふ》から常に、あかがはがれ

落ちているように、耳の穴でもあかがはがれ落ちています。それが耳あかの正体です。耳あかは、基本的に外に押《お》し出《だ》されていくようにできていますし、たった1日でたくさんたまるようなこともありません。

むしろ、耳かきで耳の中を頻繁《ひんぱん》にいじると、傷ができてしまい、感染の原因になります。また、風呂上《ふろあ》がりに綿棒を使うと、特に耳の穴が小さい場合には、ぬれた耳あかをどんどん奥《おく》へ押《お》し込《こ》んでしまって、耳栓《みみせん》のようになることがあります。

家で耳掃除をするときのポイント

耳あかは、どこでできるのかというと、耳の穴の入り口から半分までの場所です。ということは、奥《おく》の半分は掃除《そうじ》する必要がないのです。

子どもの耳を見て、お母さんの見える範囲《はんい》に耳あかがあれば、細い綿棒を使って払《はら》い出《だ》してください。「もっと奥《おく》はいいの？」と思われるかもしれませんが、見えない奥《おく》のほうを、無理にのぞ

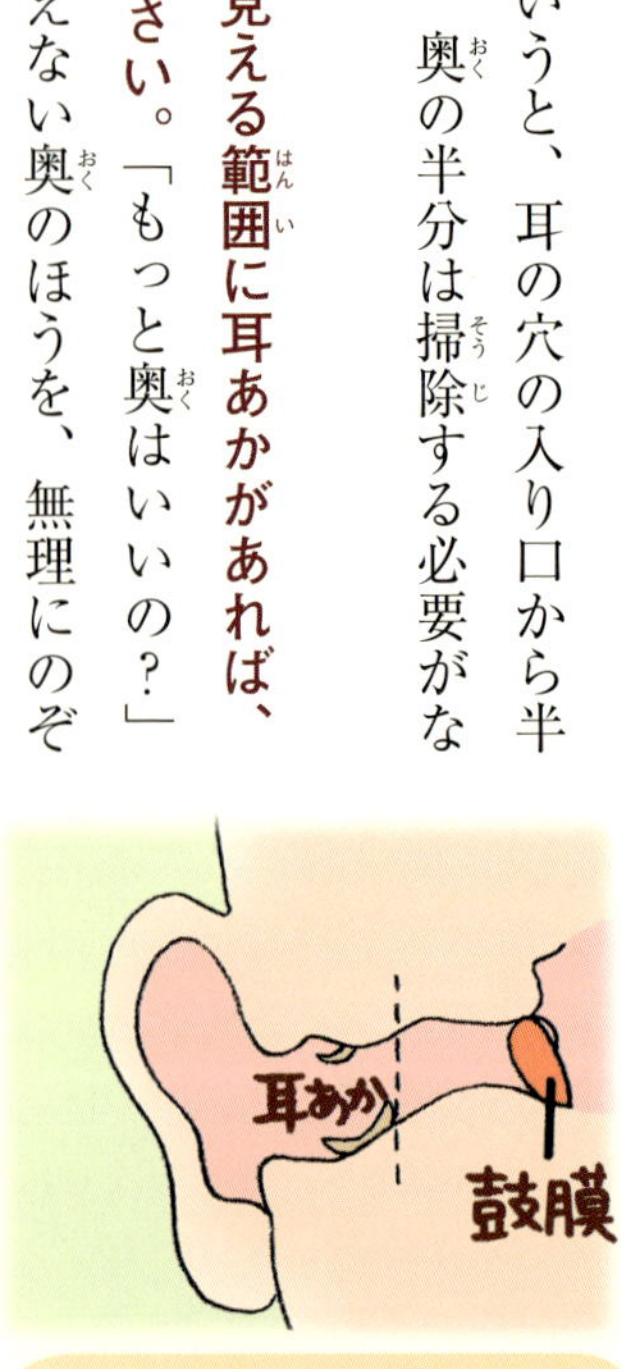

耳あかのできる場所は耳の穴の入り口から半分までです

き込《こ》んで穴掘《あなほ》りをする必要はないのです。奥《おく》に綿棒を入れても、耳あかはありませんし、むしろ耳あかを押《お》し込《こ》んでしまうことになります。

見える所だけでいいのですから、少しは気が楽になりませんか。

といっても、小さな耳の掃除《そうじ》は難しいものです。なかなか取れない場合や、固い耳あかが詰《つ》まっているとき、また、耳だれが出てきたときは、無理せず受診《じゅしん》してください。

痛っ
あ、ゴメン。でももうちょっとで取れそう
ギャーッ
ガッ
ジタバタ
もうちょっとだからガマンして!!
○♨Z△……!!
あと少し！ホントにあとちょっとなの!!
耳掃除《みみそうじ》は見えない奥《おく》のほうまでする必要はありません
耳あかを押《お》し込《こ》んでしまうことにもなります
あー残念消えた……

「いびき」がパパより気になるとき

Q うちの子は、いびきがひどいのですが……。

赤ちゃんは案外、いびきがすごい

2歳ごろまでは、鼻水・鼻づまりが多く、「赤ちゃんなのに立派ないびきをかいている」ことは、よくあります。**しっかり眠《ねむ》れているようなら、そんなに心配することはありませ**

ん。

パパのいびきよりも気になるとき（！）や、日中も眠《ねむ》そうにしている、いつも口を開けて口呼吸をしているような場合は、一度、耳鼻科を受診《じゅしん》してください。鼻炎《びえん》だったり、鼻の奥《おく》やへんとうせんがはれたりしていることがあります。

皆《みな》さんも、鼻がつまったときはつらいですし、集中力が低下しますよね。子どもの場合、それが学力や体の成長に関わってくることもありますので、少し注意してあげてください。

ガーン
パパ顔負け……
ぐごごごごご

赤ちゃんのいびきは案外すごいものですが……

コラム

「ママの声が届いていますよ」

ママが赤ちゃんに声をかけるときって、
いつもより声のトーンが高いですよね。

ママだけではなく、パパも、おじいちゃんも、おばあちゃんも、みんな
赤ちゃんに声をかけるときは、トーンが上がります。
ドスのきいた声で、赤ちゃんに語りかける人はいません。

実は、これは理にかなっているのです。

「大きな笛」と「小さな笛」を想像してみてください。
大きな笛を吹《ふ》くと低い音が鳴りますが、小さな笛は高い音が鳴ります。

大人と比べて、赤ちゃんの耳の穴は、小さくて短いですよね。

だから、笛と同じように、赤ちゃんの耳には、高い声がよく響《ひび》くのです。

しっかりと声が届くよう、知らず知らずのうちに人間は、高い声で赤ちゃんに語りかけるようになったのかもしれません。


まだ言葉もしゃべらない赤ちゃんには、「本当に声が聞こえているの？」と思うかもしれませんが、「○○ちゃーん。ママですよ！」とかけているその声は、確実に届いているのです。

そして、ママの声を聞いて、赤ちゃんは言葉をしゃべる準備をしているのです。


どんどん声をかけてあげてくださいね。

皮膚科

皮膚科医
花川 博義

子どものことで、「皮膚の悩み」は意外と多いのではないでしょうか。

「おむつかぶれ」に始まり、「あせも」「虫刺され」「とびひ」……。子どもの感染症には、ブツブツの出る病気がけっこうありますし、食物アレルギーを起こしやすいのも、乳幼児期です。情報がはんらんしている「アトピー性皮膚炎」も、親御さんには心配のタネになっているようです。「もちはもち屋」といわれます。

皮膚科医は、発疹が出なければ手も足も出ませんが、ひとたび発疹が出れば、皮膚科の守備範囲です。答えはすべて皮膚に書いてありますので、今回はその解読法を、少し伝授しましょう。

この発疹は何？
——解読の手引き

Q 子どもの体に発疹が出ると、「何の病気？」と、とても不安になってしまいます。ある程度の区別のしかたがあれば教えてください。

発疹《ほっしん》の見方のポイントは、3つあります。

① **消えるか、消えないか。**
② **左右対称《さゆうたいしょう》か、非対称《ひたいしょう》か。**
③ **かゆいか、かゆくないか。**

「疾風のように去っていく」発疹

診察室《しんさつしつ》に入るときには、発疹《ほっしん》はすでに消えてしまっていて、「さっきまで確かにあったんです！」と、力説するお母さんが、たまにあります。

「消える発疹《ほっしん》」の代表は、「じんましん」です。

じんましん

突然《とつぜん》、蚊《か》に刺《さ》されたような丸い発疹《ほっしん》が出たり、それがつながって地図状になったりして、かゆくなる病気です。

なにせ〝見た目が派手〟なので、お母さんたちはビックリされます。しかし、**ほとんど**

は数時間から、丸一日で治まります。消えてしまったものは、受診《じゅしん》する必要はありません。ただ、2、3日続く場合や、出たり引いたりを数日繰《く》り返《かえ》すものは、一度、診察《しんさつ》を受けたほうがいいでしょう。

また、

① 全身に広がって、かゆくてたまらないとき

② 息苦しい感じがする。腹痛など、皮膚《ひふ》以外にも症状《しょうじょう》があるとき

は、早めに受診《じゅしん》してください（夜間なら救急外来へ）。

気になる原因ですが、風邪《かぜ》などの「ウイルス感染」によって起きることが多いといわれています。のどからウイルスや細菌《さいきん》が侵入《しんにゅう》し、体がびっくりして反応《はんのう》を起こすのです。

次に考えられる原因は、「食べ物」です。今まで食べて大丈夫《だいじょうぶ》だった物でも、そのときの体調や、食べ物の新鮮度《しんせんど》によって左右されます。

その他、薬が原因で出る「じんましん」もあります。

ただし、「原因がわからない」ことも多く、1回きりなら、それほど心配しなくて大丈夫《だいじょうぶ》です。

左右対称（内なる敵）か、非対称（外敵）か

大ざっぱにいうと、左右対称《さゆうたいしょう》の発疹《ほっしん》は「中からの病気」で、非対称《ひたいしょう》の発疹《ほっしん》は「外からの病気」です。

中からの病気の代表は、「ウイルス性《せい》発《ほっ》疹《しん》症《しょう》」、外からの病気の代表は、「虫《むし》刺《さ》され」です。

ウイルス性発疹症

ウイルスが、のどから侵入《しんにゅう》すると、体が反応《はんのう》して発疹《ほっしん》が出ることがあります。これがウイルス性《せい》発《ほっ》疹《しん》症《しょう》です。発疹《ほっしん》の現れ方には特徴《とくちょう》があり、右手にあれば左手にもある、右ひざにあれば左ひざにもあるといったように、「左右対称《さゆうたいしょう》」なのです。不思議とかゆみはなく、あっても弱いものです。

有名なウイルスによるものには、ちゃんとした病名がついています。例えば、突発性発疹《とっぱつせいほっしん》、風疹《ふうしん》、麻疹《ましん》（はしか）、手足口病、リンゴ病、水ぼうそうなどです。ただ、水ぼうそうの初期は発疹《ほっしん》の数が少なく、一つ一つが虫刺《むしさ》されにたいへん似ているため、医者でも間違《まちが》えることがあります。

ウイルスはごまんとありますので、病名がついていないもののほうが多く、それらを引っくるめて「ウイルス性発疹症《せいほっしんしょう》」といいます。

症状《しょうじょう》の軽いものは「皮膚《ひふ》の風邪《かぜ》」ともいわれ、発熱や強いかゆみがなければ特別な治療《ちりょう》

は必要ありません。
睡眠《すいみん》をじゅうぶんとって、おいしい物を食べることが大事です。

「かゆみ」はつらいよ

かゆい発疹《ほっしん》と、かゆくない発疹《ほっしん》に大きく分けると、かゆい代表が「アトピー性《せい》皮膚炎《ひふえん》、湿疹《しっしん》、じんましん、虫刺《むしさ》され」で、かゆくない発疹《ほっしん》が、「ウイルス性発疹症《せいほっしんしょう》」です。とりわけ、アトピー性《せい》皮膚炎《ひふえん》は例外なくかゆみを伴《ともな》います。かゆくないブツブツが出てきたら、それはアトピーの発疹《ほっしん》ではないのです。

「痛いのはガマンできても、かゆいのだけは耐《た》えられない」とよくいわれます。

お母さんが、「かくのはガマンしてね」と言っても、子どもはどうしてもかいてしまうものです。皮膚科医《ひふかい》は、単に皮膚病《ひふびょう》を治すだけではなく、かゆみを抑《おさ》えるためのケアにも力を入れています。**「かゆいのはガマンしなければならないもの」と思わず、ぜひ相談してみてください。**

ブツブツはおいしい物を食べれば治るから
今日はハンバーグにしてね！
それってダニ刺されのあとでしょう……

もっと知ってほしい「アトピー性皮膚炎」

Q　「アトピー性皮膚炎」の正しい知識を、ぜひ皮膚科の先生からお聞きしたいと思います。

アトピー性皮膚炎《せいひふえん》は、なぜ起きるのでしょう。その仕組みは非常に複雑で、悪化要因もさまざまなため、「よくわからない病気」と思われ、誤った見方をされることも少なくありません。

「わが子をアトピーから守りたい」「私がしっかりしなきゃ」と孤軍奮闘《こぐんふんとう》しているお母さんはもちろん、周りの人にもぜひ、アトピー性皮膚炎《せいひふえん》の正しい知識を得てもらいたいと思います。少々難しい内容も含《ふく》みますが、しばしおつきあい願います。

まず、アトピー性皮膚炎《せいひふえん》の原因からお話ししましょう。原因は、大きく分けると2つあります。

①**遺伝**……うまく働かないバリア機能、アレルギーを起こしやすい体質
②**環境《かんきょう》**……ハウスダスト、花粉、食べ物、汗《あせ》、服・シャンプー・洗剤《せんざい》の刺激《しげき》、細菌《さいきん》・カビ、かく刺激《しげき》など

「遺伝」ということから考えますと、決して妊娠中《にんしんちゅう》や育て方に問題があったわけではありませんし、「私が悪かったんだわ」と悩《なや》む必要もありません。また、「環境《かんきょう》」の悪化要因が

わかれば、これから変えていくことは可能です。

「遺伝」と「環境《かんきょう》」。どちらかというと遺伝的な面が強いのですが、これらの原因が、さまざまな割合（個人差が大きい）で交じり合って起こるのが、アトピー性皮膚炎《せいひふえん》です。

【バリアとは】

「バリア」とは、皮膚《ひふ》の表面にある皮脂膜《ひしまく》と角質のことです。アトピー性皮膚炎《せいひふえん》の人は、ここに含《ふく》まれている「アブラ」の量が少ないため、水分が蒸発して皮膚《ひふ》が乾燥《かんそう》しやすく、また、ホコリ、花粉、菌《きん》などのアレルゲン（アレルギーを起こす物質）が侵入《しんにゅう》しやすくなっています。

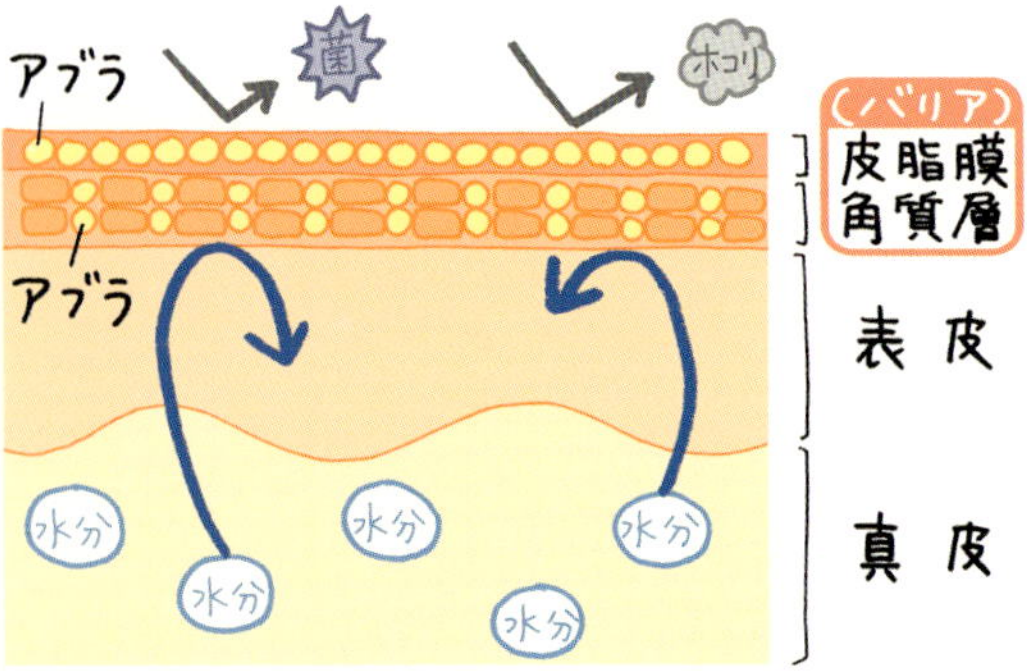

バリア機能が正常な肌には、アレルゲンが侵入しにくい

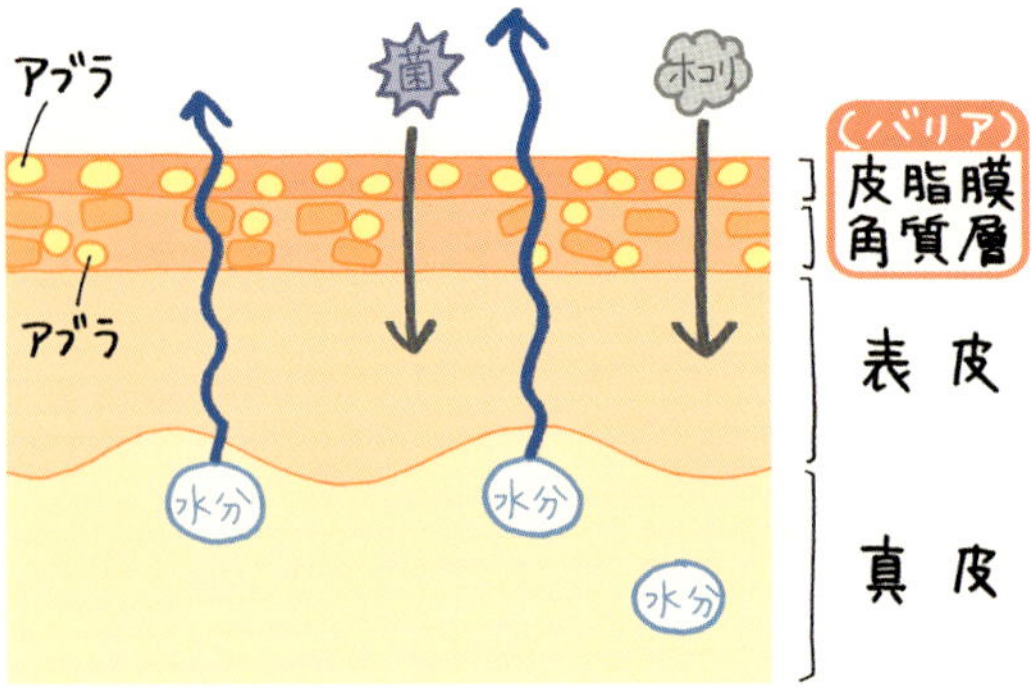

アブラの量が少ないと水分が蒸発し、
アレルゲンが侵入しやすくなる

アトピー性皮膚炎は、不治の病ではありません

「一度、アトピーになったら、一生治らない？」

という不安の声をよく耳にします。

「いつまで、この病気とつきあっていくのでしょうか」

「このままずっと、薬漬《くすりづ》けの人生なの？」

と、先の見えない不安で、真っ暗になっている方もあります。

「皮膚科《ひふか》は待ち時間が長く、その割りに診察時間《しんさつじかん》はあっという間で、丁寧《ていねい》に診《み》てもらっている気がしない」という声を聞くと、とても申し訳ない思いがします。小さい子どもを連れての通院はたいへんです。そんな中、お母さんは本当にがんばっておられると思います。**アトピー性皮膚炎《せいひふえん》は、決して親の努力不足でなってしまうのでも、悪くなるのでもありません。また、不治の病でもありません。**


もともとアトピー性皮膚炎《せいひふえん》は、自然治癒《しぜんちゆ》することが多い病

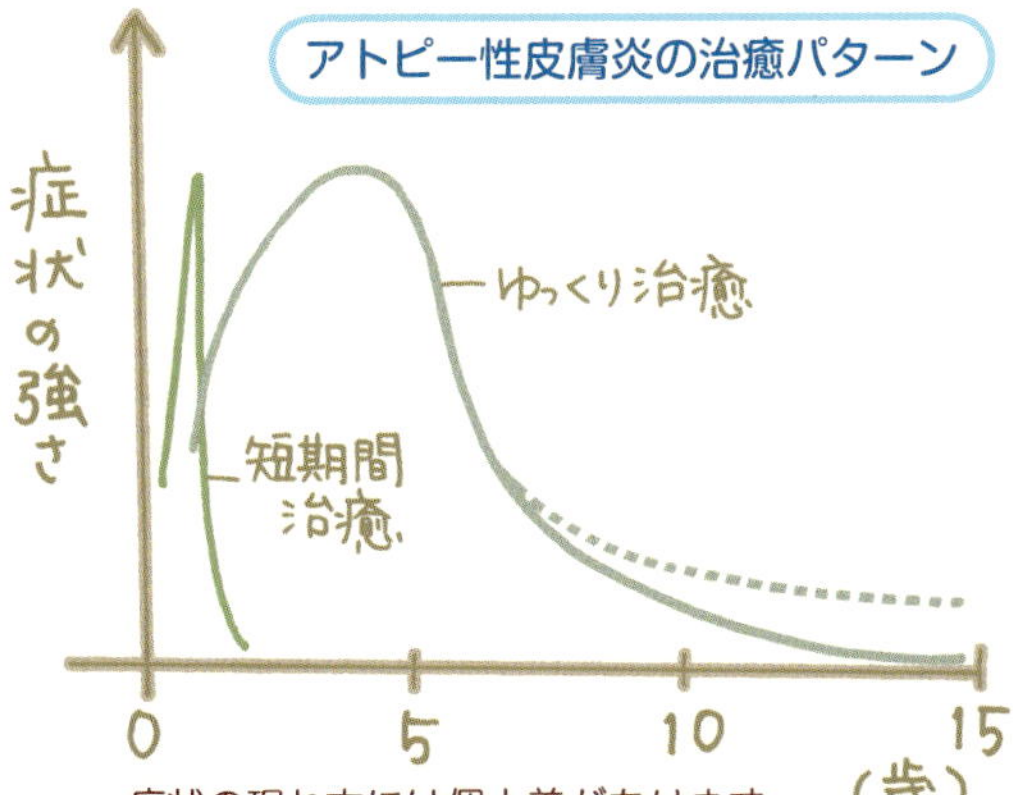
アトピー性皮膚炎の治癒パターン
症状の強さ
ゆっくり治癒
短期間治癒
0
5
10
15
（歳）
症状の現れ方には個人差があります

気です。思春期以降は、「皮膚《ひふ》のアブラ」の分泌《ぶんぴつ》が盛んになり、皮膚《ひふ》のバリア機能が強くなります。すると、乾燥肌《かんそうはだ》の体質は残っていても、皮膚炎《ひふえん》は起こらなくなります。**私の印象では、幼児期にアトピー性皮膚炎《せいひふえん》、またはアトピーっぽいといわれた子どものほとんどは、思春期までに皮膚炎《ひふえん》は出なくなっています。**

コラコラ下りなさい!!
待ち時間 60分
じゃあ、いつもの薬出しておきますね
ようやく診察《しんさつ》と思ったらまた同じ薬か……
いつも同じ薬をもらっては、塗《ぬ》って、治って、悪くなっての繰《く》り返《かえ》しで
疲れた……
まるで出口のないトンネルを、さまよっているかのよう……
アトピー性皮膚炎《せいひふえん》は、すぐには治りませんが、不治の病ではありません
症状《しょうじょう》を繰《く》り返《かえ》しながら、バリア機能が成熟するのです
落ち込まないでね!

治療のゴール

アトピー性皮膚炎《せいひふえん》と向き合うとき、まず知っておいてもらいたいのが、治療《ちりょう》のゴールです。

ゴール1（短期のゴール）
薬などの治療《ちりょう》で皮膚炎《ひふえん》がほとんど治まっており、周囲の人と同じ生活ができる。

ゴール2（長期のゴール）
薬を使わなくても皮膚炎《ひふえん》が出ない。

適切な治療《ちりょう》を行えば、必ず短期のゴールは達成できます。まずは短期のゴールを達成する。それから長期のゴールを目指してじっくりと取り組む。そういう姿勢が大切です。

世間には「アトピービジネス」といわれるぐらい治療法《ちりょうほう》がはんらんし、「これで治りました！」と、即効性《そっこうせい》をうたったもの

短期のゴール

薬は必要だが
皮膚炎はほとんど治まっている

長期のゴール

薬を使わなくても
皮膚炎が出ない

も少なくありません。しかし、科学的根拠《かがくてきこんきょ》に乏《とぼ》しいものや、効果に見合わぬ高額なものもあるようです。初めから一足飛びを目指すのではなく、信頼《しんらい》できる医師との二人三脚《ににんさんきゃく》で適切なケアをしていくことが、長期ゴールへ続く道なのです。

ただ、長期ゴールといっても、一直線にはいかないこともあって、山あり谷ありです。薬を塗《ぬ》っても一時的に症状《しょうじょう》が悪化して、薬が強くなっていくことがあります。「言われるとおりがんばっていたのに、悪くなってしまった」と感じる人もいます。これは、炎症《えんしょう》を悪化させるものが、どうしても身の回りに多いためと、季節によっても状態が変化するためです。しかし、根気強くケアを続けているうちに、成長とともにだんだん皮膚炎《ひふえん》が出なくなり、気がつけば通院しなくてもよくなっていた、という人がほとんどです。これが長期ゴールです。

アトピー性皮膚炎《せいひふえん》は、長い目で見ればいつか必ず治る病気です。アトピーのおじいさんやおばあさんは、おそらく見たことがないと思います。**「長期ゴールはいつ？」と、どうしても不安になってしまいますが、「長期ゴールまでいかに快適に過ごすか」と気持ちを切り替《きか》えられたら、お母さんも、ずっと肩《かた》の力が抜《ぬ》けるのではないでしょうか。**

今までは1日でよくなっていたのに同じ薬が効かなくなっている!!
ぎゅうっ
言われたとおりがんばったのに悪くなった……
私が……私が治してやらなくちゃ!!
何かいい方法は!?
むおーーっ
アトピーは必ず治りますが、一直線によくなっていくものではないんです
悪化要因との接触《せっしょく》の増加や
季節によって状態が変化することもあります
しかし、長い目で見れば皮膚《ひふ》のバリア機能はだんだん強くなって長期のゴールに向かっていきますので、
それまで快適に過ごすことを考えたほうが、ずっと楽につきあっていくことができますよ
あーん
多少の一進一退には目をつむるか……

まず、皮膚炎をコントロールする

どんなにひどいアトピー性《せい》皮膚炎《ひふえん》でも、適切な治療《ちりょう》をすれば、皮膚炎《ひふえん》がほとんど治まった状態になります。これを、「短期ゴール（皮膚炎《ひふえん》がコントロールできている）」といいます。

治療《ちりょう》は、次の二本立てでアプローチしていきます。

①**すでに起こった皮膚炎《ひふえん》を抑《おさ》える。**

②**悪化要因を少しでも取り除く。**

最初に、「①すでに起こった皮膚炎《ひふえん》を抑《おさ》える」方法をお伝えしたいと思います。

火事を見たら、まず火を消そうとします。大火事を防ぐためには、初期消火が基本です。アトピー性《せい》皮膚炎《ひふえん》も、まずは皮膚炎《ひふえん》を抑《おさ》えなければ、「炎症《えんしょう》が炎症《えんしょう》を呼ぶ」ことになります。アトピー性《せい》皮膚炎《ひふえん》が起きた所には、リンパ球や好酸球《こうさんきゅう》と

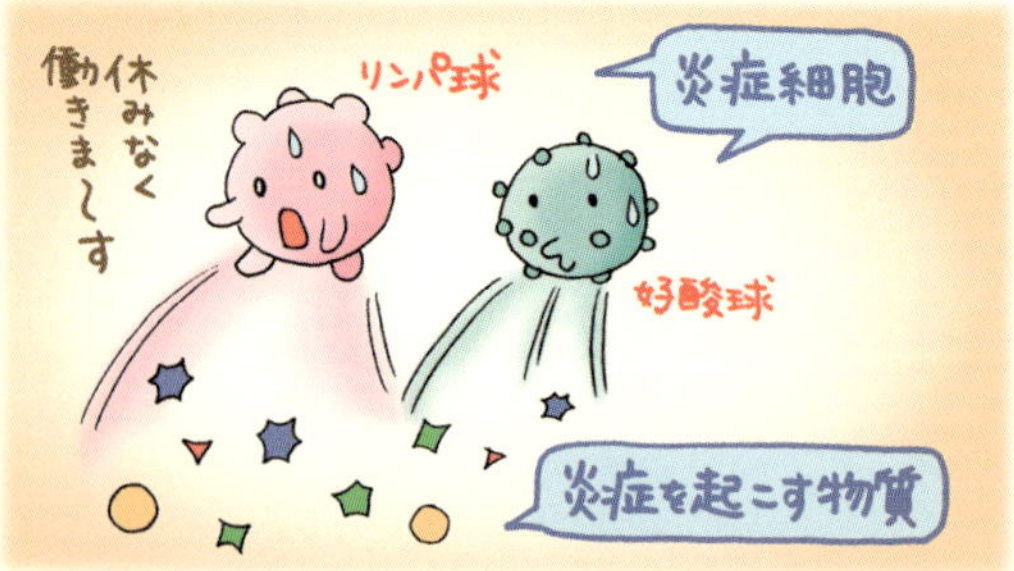

炎症細胞は炎症を起こす物質を出し続けるので、まず炎症細胞を抑えることが優先されます

いった「炎症細胞《えんしょうさいぼう》」が現れます。これらが炎症《えんしょう》を起こす物質を出し続けるので、まずは「炎症細胞《えんしょうさいぼう》」を増やさないケアが優先されるのです。

また、**皮膚炎《ひふえん》がひどくなると、「皮膚炎《ひふえん》→かゆい→かく→皮膚炎《ひふえん》の悪化→かゆい→かく」という悪循環《あくじゅんかん》のサイクルがグルグル回りだし、「かゆみがかゆみを呼ぶ」ことにもなります。**

皮膚炎《ひふえん》を抑《おさ》えるための主な治療薬《ちりょうやく》は、塗《ぬ》り薬《ぐすり》（ステロイド外用剤《がいようざい》、タクロリムス軟膏《なんこう》、保湿剤《ほしつざい》）と、飲み薬（抗《こう》ヒスタミン剤《ざい》）です。

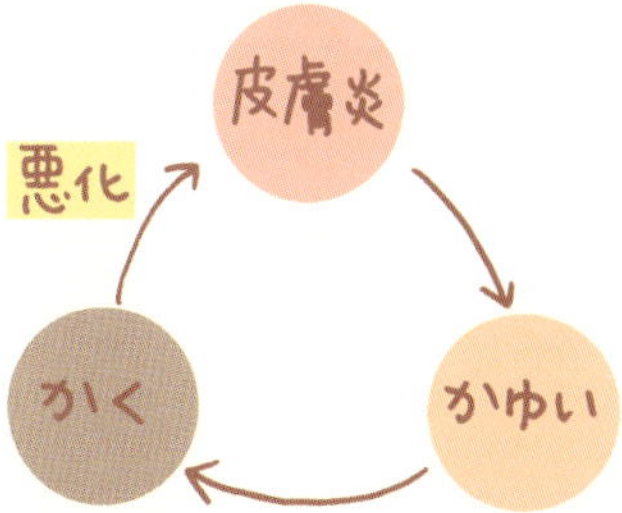

ステロイドは危険な薬？

ステロイド外用剤《がいようざい》は、アトピー性《せい》皮膚炎《ひふえん》の「治療《ちりょう》の王様」です。

ところが、ステロイド外用剤《がいようざい》を不安視する声もあります。

「一度塗《ぬ》ると、やめられなくなる？」

「薬に頼《たよ》っていると、自然治癒力《しぜんちゆりょく》が妨《さまた》げられるのでは？」

「体内の毒（アレルゲン）を出さないといけないのに、ステロイドで抑《おさ》え込《こ》むのはよくない」

「ステロイドはホルモン剤《ざい》だから、体からホルモンが分泌《ぶんぴつ》されなくなるのでは？」

などです。

このようにいわれると、ついそう思ってしまう人もあると思いますが、よく聞かれる疑問ですので、一つ一つお答えしたいと思います。

一度塗ると、やめられなくなる？

この不安の根っこは、「最初は劇的に効いても、そのうち効かなくなって、どんどん強い薬になるのではないか」だと思います。このことを研究したものはいろいろありますが、少なくとも、**どんどん強い薬にしないと効かなくなるというデータはありません。それどころか、塗《ぬ》っていると皮膚炎《ひふえん》は治まってくるため、どんどん弱い薬になっていきます。**
炎症《えんしょう》のひどいうちは強いステロイド剤《ざい》を塗《ぬ》り、炎症《えんしょう》が治まれば弱いステロイド剤《ざい》にして

いき、やがて保湿剤《ほしつざい》のみでのケアも可能になってきます。アトピーの多くは自然治癒《しぜんちゆ》しますので、ステロイドは、「一度塗《ぬ》ると、やめられなくなる」のではなく、「自然治癒《しぜんちゆ》するまで、しばらくは必要」という考え方が適当です。

環境要因などで、一時的に強い薬になることはありますが、長い目で見れば快方に向かいます。
「自然治癒するまでしばらくは必要」なのです

薬に頼っていると、自然治癒力が妨げられるのでは？

自然治癒力《しぜんちゆりょく》とは、体が本来持っている「病気を治そうとする力」のことですが、これは心身ともに健康なときに、より強く働くのではないでしょうか。心も体もボロボロのときに、「アトピー治れー」と期待するのもかわいそうです。「ステロイド外用剤《がいようざい》を塗《ぬ》って皮膚《ひふ》

炎《えん》を治したあとのほうが、炎症《えんしょう》を抑《おさ》える免疫細胞《めんえきさいぼう》が増加している」という研究データもあります。**「薬が自然治癒《しぜんちゆ》力《りょく》を妨《さまた》げる」**のではなく、**「自然治癒《しぜんちゆ》力《りょく》を引き出すための薬」**なのです。

自然治癒力とは、心身ともに健康なときこそよく働きます。ステロイド外用剤で皮膚炎を治したほうがより治癒力を引き出すことができるのです
私も寝不足のときは免疫力が落ちます……
ずずっ

体内の毒（アレルゲン）を出さないといけないのに、ステロイドで抑え込むのはよくない？

ホコリや花粉などのアレルゲンそのものは、毒ではありません。人体が過剰《かじょう》に反応《はんのう》して皮膚炎《ひふえん》を起こしてしまうので、「毒」のように感じてしまうのでしょう。

過剰《かじょう》な反応《はんのう》をアレルギーといいますが、それを抑《おさ》えるのがステロイドです。**体内に入っ**

たアレルゲンは自然に排出《はいしゅつ》されますので心配ありません。行き過ぎたアレルギー反応《はんのう》をステロイドで抑《おさ》えながら、身の回りのアレルゲンをできるだけ避《さ》ける、というのがベストです。

ステロイドはホルモン剤だから、体からホルモンが分泌されなくなるのでは？

体内のホルモンに影響《えいきょう》があるといわれているのは、ステロイド外用剤《がいようざい》ではなく、ステロイド内服薬のことです。皮膚科《ひふか》で出されるのは、ほとんどの場合、外用剤《がいようざい》です。通常塗《ぬ》る量では問題ありません。

アレルゲンそのものは
毒ではありません。
ステロイドは過剰反応を
抑える薬です。
過剰な反応は放置せず
ステロイドで抑えるのが
得策です

がーん
内服薬
ステロイド
ステ
外用剤

正しく知っておこう、ステロイドの副作用

このように見ていけば、ステロイドは、騒《さわ》がれているほど恐《おそ》ろしい薬ではないことがわかっていただけると思います。ただ、副作用がまったくないというわけではありません。**いちばん多いのは、毛嚢炎《もうのうえん》（にきびみたいなもの）です。その他、皮膚《ひふ》の萎縮《いしゅく》、毛細血管拡張（細かい血管が浮《う》き出《で》てくる）、皮膚感染症《ひふかんせんしょう》などがあります。**心配されがちな、ブドウ球菌《きゅうきん》などによる皮膚感染症《ひふかんせんしょう》（とびひ）は、ステロイドの副作用によるものではなく、むしろステロイドを含《ふく》めたスキンケアが不十分で、皮膚炎《ひふえん》がコントロールできていないために起こることがほとんどです。

また、**副作用の多くは、使用方法の間違《まちが》い（体用の薬を顔に塗《ぬ》るなど）や、診察《しんさつ》を受けずに薬だけを塗《ぬ》っていた場合に起こっています。**これは、副作用を含《ふく》めた薬の使い方の説明が、じゅうぶんになされていないことが大きいと思いますが、医師に症状《しょうじょう》を伝えて適切な対処をすれば、ほとんどが元に戻《もど》ります。

それにしても、「ステロイド外用剤《がいようざい》はよくない」という印象は、どうしてこれほどまで

広がってしまったのでしょう。報道や出版物の影響《えいきょう》はたいへんなものです。「アトピー性皮膚炎《せいひふえん》が、ステロイド外用剤《がいようざい》でよくなった」というのは、「頭痛が頭痛薬でよくなった」と同じくらい当たり前なことであり、記事としてはおもしろくありません。目新しい治療《ちりょう》をマスコミが取り上げてしまうのは、ある意味、しかたのないことです。

また、標準治療《ひょうじゅんちりょう》は1つですが、特殊治療《とくしゅちりょう》はたくさんあるため、出版されているアトピー性皮膚炎《せいひふえん》の書籍《しょせき》の多くは、「ステロイド以外のこんな治療《ちりょう》でよくなった」というもので占《し》められています。特殊治療《とくしゅちりょう》の宣伝のため、標準治療《ひょうじゅんちりょう》であるステロイドの副作用を強調したものもあるでしょう。情報だけを見ていると、ステロイドの賛否について医師間で意見が真っ二つに分かれていると思われるかもしれませんが、実際には、皮膚科医《ひふかい》の9割9分までは、アトピー治療《ちりょう》にステロイドは必要であると考えています。

力があるだけに、もろ刃《は》の剣《つるぎ》のようにとらえられることも多いです。しかし、ステロイド自体に善悪があるわけではありません。上手に使えば、たいへん便利で有効な治療薬《ちりょうやく》なのです。

大切なのは、ステロイド外用剤の塗り方

一口にステロイド外用剤《がいようざい》といっても、強いものから弱いものまで5段階あり、これを「強さのランク」といいます。症状《しょうじょう》の重い部位には「強めの薬」、軽い所には「弱めの薬」といった具合に、皮膚炎《ひふえん》の程度によって外用薬を使い分けています。「強すぎる」と副作用が問題になりますし、「弱すぎる」と効果がありません。「ちょうどよい」強さの薬が、最もよいのです。自己判断をせずに、医師に皮膚《ひふ》の状態を見てもらって薬を選びましょう。

塗《ぬ》り方《かた》の基本は、皮膚炎《ひふえん》がひどいときは、強い薬をじゅうぶんに塗《ぬ》ってきれいにし、弱い薬でよ

正しい塗り方　強い薬→弱い薬→保湿剤

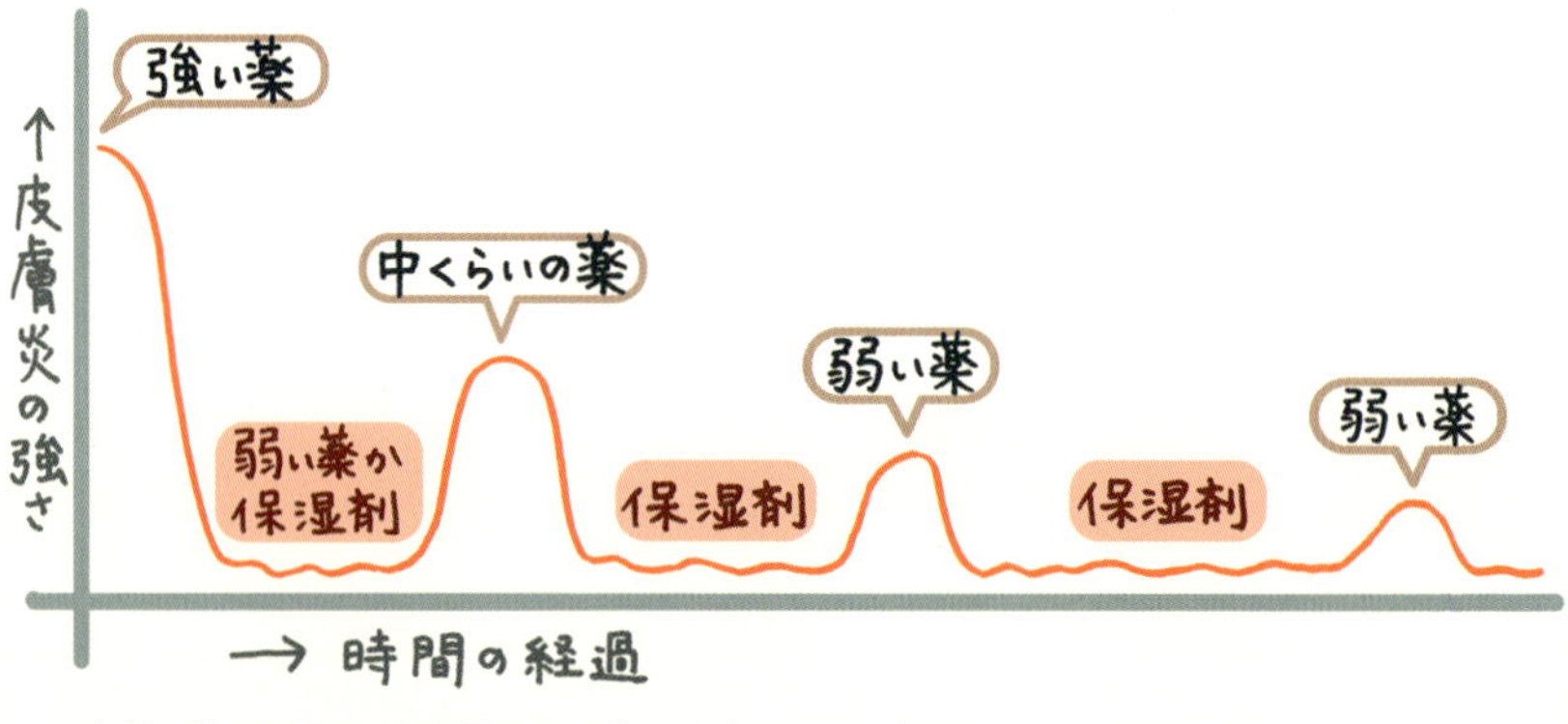
↑皮膚炎の強さ
強い薬
弱い薬か保湿剤
中くらいの薬
保湿剤
弱い薬
保湿剤
弱い薬
→時間の経過

症状が軽い期間が次第に延び、炎症も軽く治まるようになっていく

い状態を維持《いじ》していきます。少しよくなったところで急に塗《ぬ》るのをやめてしまうと、せっかく治まりつつある炎症《えんしょう》が再び勢いを増し、元の木阿弥《もくあみ》になってしまいます。

塗《ぬ》り方《かた》（塗《ぬ》る量・塗《ぬ》る範囲《はんい》）が足りずに、改善しないのを目にすることがあります。といっても、「1回にどのぐらいの量を、どの範囲《はんい》まで塗《ぬ》ればいいか」が、親御《おやご》さんにじゅうぶん伝わっていないのだとすれば、それは皮膚科医《ひふかい》の責任です。

薬は強く擦《す》り込《こ》まず、薄《うす》く伸《の》ばすように塗《ぬ》ります。塗《ぬ》ったあと、ティッシュが1枚くっつくぐらい、皮膚《ひふ》が少しテカる程度が適量です。30分ほどで吸収されて、皮膚《ひふ》がしっとりしてきます。赤みが取れても、皮膚《ひふ》をつまんで硬《かた》く感じる所は、や

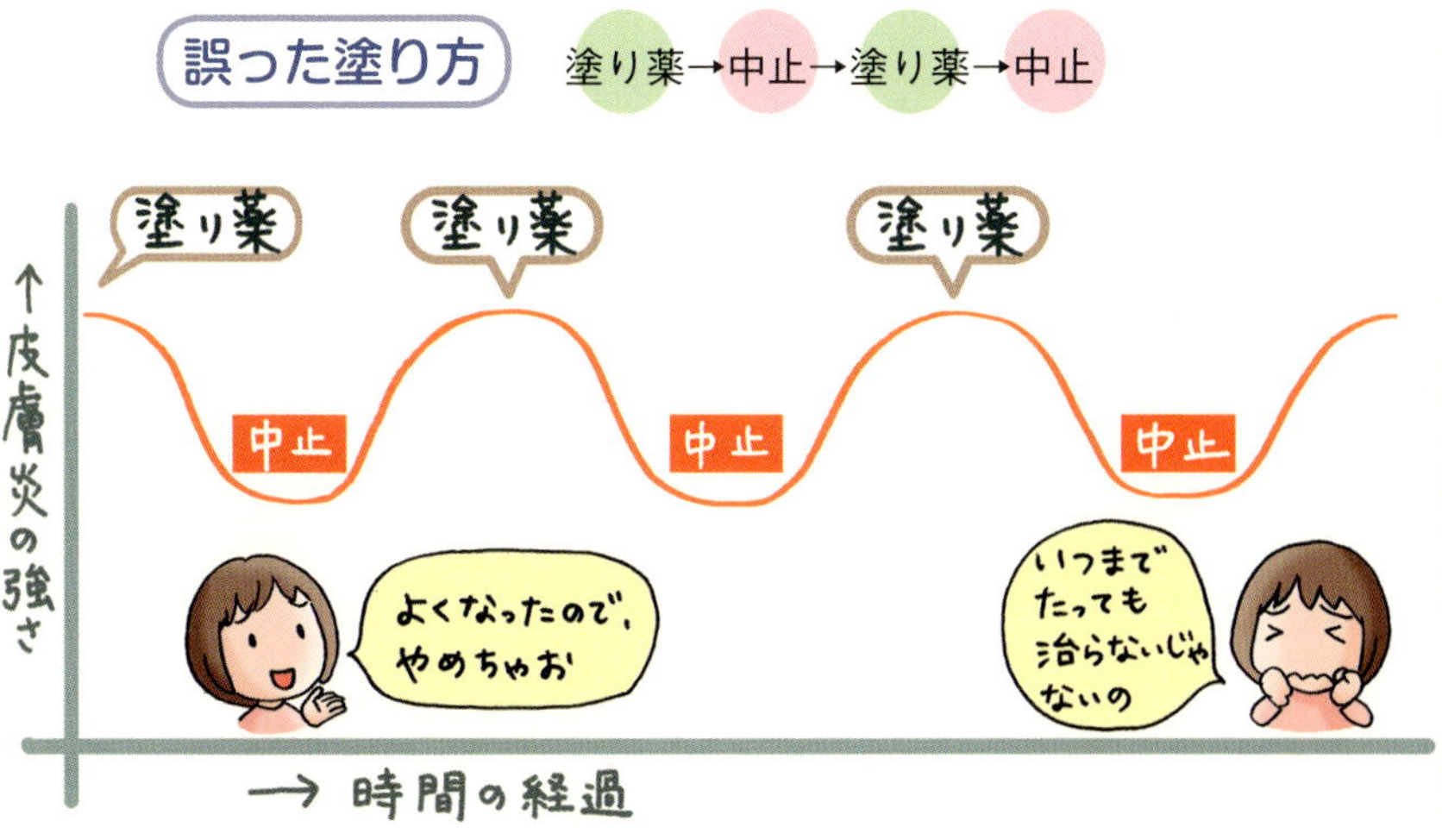
誤った塗り方
塗り薬→中止→塗り薬→中止
塗り薬
塗り薬
塗り薬
中止
中止
中止
↑皮膚炎の強さ
よくなったので、やめちゃお
いつまでたっても治らないじゃないの
→時間の経過

わらかくなるまで（約2週間）塗《ぬ》るのを続けてください。

　動き回る子どもに、きちんと塗《ぬ》るのはたいへんだと思います。家事に育児に、目も回るほど忙《いそが》しい毎日で、薬を塗《ぬ》り忘《わす》れることもあるでしょう。「ちょうどよい薬を処方してもらっているのに、よくならない」と感じてしまうことがあっても、しかたのないことです。しかし、**適切にしっかりと塗《ぬ》れたら、皮膚炎《ひふえん》は必ず改善していきます。副作用を気にして、こわごわ塗《ぬ》らなくても大丈夫《だいじょうぶ》ですよ。**

　全身にひどい皮膚炎《ひふえん》のあるときは、入院して治療《ちりょう》することもあります。入院といっても特別な治療《ちりょう》があるのではありません。お母さんと本人に、毎日、実際に薬を塗《ぬ》りながら、適切な薬の強さ・量と、正しい塗《ぬ》り方《かた》を説明しています。すると、「こんなに広い範囲《はんい》に塗《ぬ》るのですね！」と、驚《おどろ》かれる方もあります。かき壊《こわ》しの起きている部分の周りは、皮膚炎予備軍《ひふえんよびぐん》の状態になっています。炎症《えんしょう》のひどい部分にだけ塗《ぬ》っていても、そこが治まってきたころ周りが悪化し、いたちごっこのようになることが

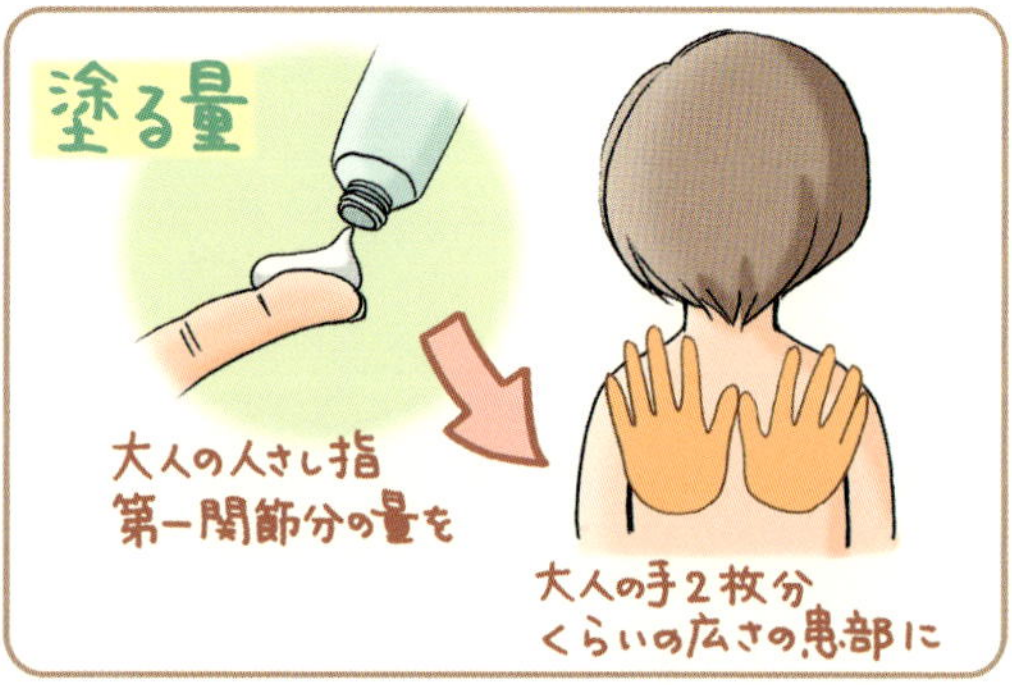
塗る量
大人の人さし指
第一関節分の量を
大人の手2枚分
くらいの広さの患部に

多いのです。**入院治療《にゅういんちりょう》をして、短期ゴールを達成できなかった方は、私の知るかぎり1人もありません。**

身の回りの環境を「優しく」する

治療《ちりょう》のもう一つの柱が、「②悪化要因を少しでも取り除く」です。

そのためには、**まずお肌《はだ》のバリア機能を保護することが大切です。**バリア機能がうまく働かない体質があると、アレルゲン（アレルギーを起こす物質）が侵入《しんにゅう》しやすいのですが、これは保湿剤《ほしつざい》でケアできます。また、アトピー性皮膚炎《せいひふえん》の人のお肌《はだ》は、見た目はすべすべでも、顕微鏡《けんびきょう》で見るとカサカサしているため、保湿剤《ほしつざい》が効果的なのです。

保湿剤《ほしつざい》には、

- **水分が出ていかないようにする**
- **刺激物《しげきぶつ》が入らないよう保護する**

という働きがあります。

次に、身の回りの環境《かんきょう》で気をつけたいものを、一つ一つ見ていきましょう。

① ハウスダスト

ハウスダストは、ホコリやダニの死骸《しがい》です。ダニは布団・畳《たたみ》・じゅうたんに多く生息し、フローリングにはあまりいません。また、湿気《しっけ》が大好きなので、湿気《しっけ》が多いときにはじゅうぶんな換気《かんき》、除湿《じょしつ》が有効です。

② 花粉

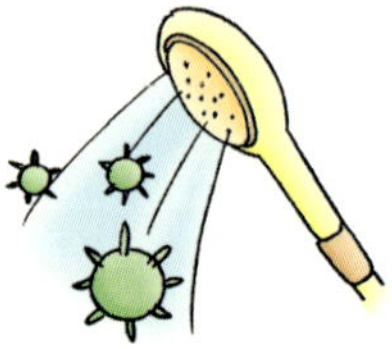

花粉が汗《あせ》ばんだ皮膚《ひふ》に付着し、アレルギーを起こします。気になるときは、外出先から帰ったらシャワーで洗い流しましょう。

③ 食べ物

肉中心の食事より、野菜・魚中心の和食がよいです。また、砂糖や添加物《てんかぶつ》の多い食品は、病気の自然治癒《しぜんちゆ》を遅《おく》らせると考えます。ごく少数ですが、特定の食べ物（卵・牛乳・小麦・大豆など）でアトピーが悪化する子どもがあります。通常、乳児期より症状《しょうじょう》

が出て、成長とともに食べても大丈夫《だいじょうぶ》になってきます。アレルギー検査や食事制限をするかどうかは、専門の医師とよく相談してください。

④ 汗

汗《あせ》は時間がたつと、皮膚《ひふ》を刺激《しげき》するようになります。たくさん汗《あせ》をかいたときは、シャワーなどで流しましょう。

⑤ 服・シャンプー・洗剤の刺激

ごわごわした服、刺激《しげき》のあるシャンプーや洗剤《せんざい》は避《さ》けましょう。界面活性剤《かいめんかっせいざい》や防腐剤《ぼうふざい》、香料《こうりょう》などには皮膚《ひふ》を刺激《しげき》するものがあるので、できるだけ自然のものがよいでしょう。

⑥細菌・カビ

皮膚《ひふ》の表面に付着した細菌《さいきん》やカビが悪さをしていると考えられています。「細菌《さいきん》やカビなら、消毒したほうがいいんじゃないの？」と思ってしまいますが、消毒はかえって皮膚《ひふ》を傷《いた》めます。これも、帰宅後のシャワーがいちばんです。

⑦かく刺激

かく刺激《しげき》で皮膚炎《ひふえん》が悪化し、さらにかゆくなるという悪循環《あくじゅんかん》を引き起こします。

ですが、「かいたらダメ」と言うのはかわいそうですし、人間の生理現象なので、言ってもしかたがありません。私は「かいたら気持ちいいでしょ。その分、お薬をしっかり塗《ぬ》って炎症《えんしょう》を抑《おさ》えておこうね」と説明しています。かくのでも、「つめを立てず、指のはらでかく」「ぬれタオルでかく」などの工夫はいいと思います。

抗《こう》ヒスタミン剤《ざい》※の飲み薬は、かゆみを止めて悪循環《あくじゅんかん》を断つ、たいへん有効な薬です。

（※ステロイド内服薬ではありません）

「ローマは一日にして成らず」という言葉は有名ですが、アトピー治療《ちりょう》も、一朝一夕にはいきません。

努力に比べ、改善が遅々《ちち》としているように思えたり、症状《しょうじょう》が一進一退を繰《く》り返《かえ》したりするところに、治療《ちりょう》の苦しさがあります。 実際、原因は個人差が大きいため、1つのことを徹底《てってい》して改善しても、すぐにはよくならない場合が多いのです。また、「環境《かんきょう》」より「遺伝的体質」がウエートを占《し》めるので、なかなか治り切らないと感じることもあります。

しかし、この二本立てのアプローチを着実にしていけば、その種まきは、必ず結果となって現れます。

アトピー性皮膚炎Q&A

Q 子どものアトピーも、皮膚科でいいの？

A 最近は「アレルギー科」などもあり、どこへ行けばいいのか迷われる方が多いと思います。**他の科の先生には失礼ですが、アトピー性皮膚炎《せいひふえん》は「皮膚科《ひふか》」と考えております。**もちろん、ぜんそくなどを合併《がっぺい》している場合は、小児科を受診《じゅしん》しなければなりませんが、皮膚《ひふ》の細かなケアは、子どもでも大人でも皮膚科《ひふか》が専門です。

食物アレルギーによるアトピー性皮膚炎《せいひふえん》は、食物アレルギーを専門としている病院（主に小児科）がよいです。しかし、食べ物を重視するあまり、スキンケアがおろそかになってはよくありません。

アトピー性皮膚炎《せいひふえん》は決して難しい病気ではなく、ふつうの皮膚科《ひふか》の専門医ならば治療《ちりょう》が可能です。日本に数人しかいない、特殊《とくしゅ》な治療《ちりょう》をしている「名医」でなくてもいいのです。当たり前の治療《ちりょう》を当たり前にすれば、当たり前によくなります。

アトピー性皮膚炎は
お任せください!!
ゴホッ
ドーンッ

Q 医師によって診断が違うので、戸惑っています。

A

「ある病院ではアトピーと言われ、別の病院ではアトピーではないと言われました。いったい、どっちなのでしょう?」と聞かれることがあります。

皮膚炎《ひふえん》のひどいときに受診《じゅしん》すると、「アトピー」と言われ、キレイなときに受診《じゅしん》すると、

「アトピーではない」と言われることはあります。

また、アトピー性皮膚炎《せいひふえん》と言うとショックを与《あた》えるから、なるべく「小児湿疹《しょうにしっしん》」とか、「小児乾燥性湿疹《しょうにかんそうせいしっしん》」という言葉を使っている医者もあります。反対に、軽い湿疹《しっしん》を含《ふく》めた広い意味で、アトピー性皮膚炎《せいひふえん》と言っている医者もいます。

医者によって、アトピーと言われたり、アトピーでないと言われたりするということは、裏を返せば皮膚炎《ひふえん》は軽いということですので、安心してよいと思います。

Q 「絶対に効く」と薦められた治療法、試してもいい？

A インターネットなどで検索《けんさく》すると、いろいろな治療法《ちりょうほう》が紹介されています。友達《ともだち》から、「絶対に効く」と薦《すす》められることもあるでしょう。これまで説明した治療《ちりょう》を、「標準治療《ひょうじゅんちりょう》」といい、それ以外のものを「特殊治療《とくしゅちりょう》」といいます。特殊治療《とくしゅちりょう》の中でも、「漢方薬」と「紫外線治療《しがいせんちりょう》」は、医療機関《いりょうきかん》でも補助代替療法《ほじょだいたいりょうほう》として取り入れられているものです。

その他の民間療法《みんかんりょうほう》は、簡単な紹介《しょうかい》だけでも1冊の本になるほどで、日々、新しい治療《ちりょう》が生まれては消えていっています。漢方薬（専門の医師の処方でないもの）、食事療法《しょくじりょうほう》、サプリメント、水治療《みずちりょう》、温泉療法《おんせんりょうほう》、防ダニグッズ、アロマセラピー、エステ、せっけん……。**すべてを否定するわけではありませんが、人によって合う、合わないがありますし、いいかげんなものも多く含《ふく》まれています。**よい治療《ちりょう》は廃《すた》れることがなく、科学的根拠《かがくてきこんきょ》も実績も豊かなものは、標準治療《ひょうじゅんちりょう》として広く認められていきます。1999年に登場したタクロリムス軟膏《なんこう》は、あっという間に標準治療《ひょうじゅんちりょう》の地位を確立しました。反対に何億という開発費をかけたのに、消えていった薬剤《やくざい》もあります。

わらにもすがるお母さんの気持ちはよくわかりますので、どうしても試したいものがあるときは、一度、主治医に相談してみるのがよいと思います。ただ、せっかく尋《たず》ねても、「そんな療法《りょうほう》は、科学的根拠《かがくてきこんきょ》がないから効かないよ」と言われることがあるかもしれません。あれもダメ、これもムダと言われて塗《ぬ》り薬《ぐすり》をくれるだけでは、不満に思って当然ですよね。

民間療法《みんかんりょうほう》を考えるとき、注意してもらいたいことは、療法《りょうほう》そのものにも副作用があると

いうことと、ステロイドなどの標準治療《ひょうじゅんちりょう》を軽視しがちになることの2点です。民間療法《みんかんりょうほう》はあくまでも補助として併用《へいよう》すべきもので、ステロイドをやめるためのものではないのです。

ある民間療法《みんかんりょうほう》のアンケートでは、①効いた人、②変わらなかった人、③よけいにひどくなった人が、それぞれ1対8対1程度の割合という結果が出ています。少しでも効いてほしいところですが、悪化する場合があることも忘れてはならないのです。

弊害《へいがい》を踏《ふ》まえたうえで、一般的《いっぱんてき》に健康によさそうなものは、やってもよいと私は思います。食事療法《しょくじりょうほう》に関心があれば、ファストフードを控《ひか》え、添加物《てんかぶつ》の入っていない物を選ぶようになるでしょう。防ダニグッズに興味を持てば、こまめに掃除《そうじ》をして清潔な環境《かんきょう》になっていくと思います。

特殊療法《とくしゅりょうほう》だけでアトピー性皮膚炎《せいひふえん》が治るとは思いませんが、何としても治したいというお母さんの愛情は、必ず子どもさんの回復につながると思いますよ。

ステロイドなどの標準治療の補助として、考えてください

Q 何をやっても治らないのですが。

A

「早く治ってほしい」と、お母さんは毎日心配し、がんばっておられると思います。ただ、**最初から100点満点を目指すと、かえってつらい思いになってしまいます。100点は難しくても、70点や80点なら努力次第で取れるのではないでしょうか。**

「ステロイドは絶対ダメ」とか、「ステロイドだけ塗《ぬ》っていればいい」と、偏《かたよ》りすぎるのもよくありません。治療《ちりょう》の基本を押《お》さえて、自分に合った治療法《ちりょうほう》を見つけていくのが大切です。繰《く》り返《かえ》しになりますが、生じた皮膚炎《ひふえん》をステロイド外用剤《がいようざい》などで抑《おさ》え、適切なスキンケアをしながら、悪化要因を回避《かいひ》していくのがスタンダードな治療《ちりょう》です。

いろいろ試してみたくなるのが親心ですが、その場合でも、基本的な治療《ちりょう》を土台にすることが大切です。

皮膚科

コラム

「お母さんも、時には息抜きを」

アトピー性皮膚炎《せいひふえん》は、皮膚炎《ひふえん》そのものは、命にかかわるものでも、不治の病でもありません。でも、病名を聞いたときのお母さんのショックは相当大きなものであると感じます。「親御《おやご》さんを苦しめる」という意味では、アトピー性皮膚炎《せいひふえん》は、非常に重い病気の1つだと考えています。

自分のことなら、少々お肌《はだ》が荒《あ》れても、虫に刺《さ》されても、それぞれの工夫で乗り切っておられると思います。ところが、子どものこととなると、そうはいかないものなんですね。赤ちゃんが蚊《か》に刺《さ》されただけで、「かわいそうに！」と、薬局に走り、塗《ぬ》り薬《ぐすり》や虫よけグッズを買いそろえます。夜中、「ブ～ン」と聞こえようものなら、跳《は》ね起《お》きて、目をランランと光らせます。自分はたくさん蚊《か》に刺《さ》されながら……。

そんなことを思うと、私もどれぐらい親に心配をかけて育ってきたのだろうと、感謝の気持ちでいっぱいになります。

ところが、それぐらい親は心配で心配で、毎日、つらい思いでがんばっているのに、

周りはそんな気持ちも知らず、「こんな肌《はだ》になって、かわいそうに」「そんなにかいて大丈夫《だいじょうぶ》なの？」と、簡単に言ってしまいます。「あなたのやり方がよくないんじゃない？」と、意見を言う人までありますお母さんが、「こうなったのは自分のせい、何とかしてやらなければ」と、ますます苦しむ気持ちもよくわかります。

一朝一夕にはいかないからこそ、つらい思いをされるのですし、一足飛びで治る方法があれば、私もぜひ紹介《しょうかい》したいです。しかし、今のところ推奨《すいしょう》できるのは、これまでお話ししてきたような標準治療《ひょうじゅんちりょう》です。治療《ちりょう》していけば、必ず快方に向かっていきますので、それまでどうかあせらずにおつきあいいただきたい、というのが、今わかっていることのすべてなのです。炎症《えんしょう》や、ひどいかゆみは、確かに子どもにはつらいことかもしれません。でも、お母さんが、あまり自分を責めて深刻になってしまうよりは、時には息抜《いきぬ》きをして、少しおおらかに構えているほうが、子どもにとってもいいのではないでしょうか。たとえ病状が一進一退だとしても、「かゆい」と言ったら、お母さんが心配してくれた、優しく薬を塗《ぬ》ってくれた。そんなことだけでも、子どもにとっては、何よりの心の財産になっているような気がします。

あせもは、出始めが肝心

Q 赤ちゃんのあせもが気になります。おじいちゃんや、おばあちゃんは、「天花粉をつけておけばよい」と言うのですが。

「あせも」は、お風呂《ふろ》に入ったり、汗《あせ》をかいたりしたとき、体や額に1、2ミリのブツブツとなってできます。かゆみは軽く、数時間から数日で消えてしまいます。汗《あせ》がたくさん作られすぎて、皮膚《ひふ》の中の管（汗管《かんかん》）から、汗《あせ》が漏《も》れ出《で》ることによってできます。

ですから、**あせもの一番の治療《ちりょう》は、涼《すず》しい環境《かんきょう》（クーラーなど）です。涼《すず》しい所にいるだけで、すーっと引いてしまうこともあります。**天花粉は賛否両論がありますが、皮膚《ひふ》がすべすべになって気持ちいいという人は使ってもよいと思います。

なかなか治らない場合、あせもではなく湿疹《しっしん》かもしれません。シャワーなどで清潔に保ってもよくならないときは、一度、受診《じゅしん》してください。

あら、あせも？
こんなにたくさん
何か薬を塗《ぬ》ったほうがいいのかしら
あれ、でもお風呂《ふろ》入るときにはなかったぞ
あせもは汗《あせ》をたくさんかいたときにできます。一番の治療《ちりょう》は涼《すず》しくすることで、それだけですーっと引いてしまうこともあります
あれー もう消えた
汗《あせ》をかいたままにしておくと、湿疹《しっしん》になることがあるので、清潔にしてくださいネ

とびひを広げないコツ

Q 虫刺されをかきつぶしてしまい、うんだと思ったら、別の所にもうつってしまいました。「とびひじゃない？」と言われたのですが、どんな病気ですか？

とびひとは、細菌《さいきん》（ブドウ球菌《きゅうきん》、溶連菌《ようれんきん》）が皮膚《ひふ》で増殖《ぞうしょく》し、ジクジクした感じになる病気です。患部《かんぶ》の汁《しる》がつくと、自分にも他人にも伝染するので、「飛び火」といいます。

とびひの菌《きん》は、鼻の中にすんでいるため、鼻の周囲からできることが多いです。虫刺《むしさ》されや湿疹《しっしん》をかいて、その傷から細菌《さいきん》が入って、とびひになることもあります。

「これはとびひかな？」と思ったら、せっけんの泡《あわ》でよく洗って、汁《しる》がほかの所につかな

いよう、ガーゼなどで覆《おお》います。軽いものは塗《ぬ》り薬《ぐすり》で治りますが、ひどいときは細菌《さいきん》をやっつける抗生物質《こうせいぶっしつ》をのむこともありますので、早めに受診《じゅしん》されたほうがいいでしょう。

保育園や学校によっては、登園・登校が制限されている所もありますが、基本的にはジクジクした部分をしっかり覆《おお》っていれば大丈夫《だいじょうぶ》です。通《かよ》っている施設《しせつ》の規則に従ってください。

プールは他人にうつす危険性があるので控《ひか》えましょう。プールの水には薬が入っているので、傷にもよくありません。家庭でのシャワー浴は積極的に行ってください。細菌《さいきん》をせっけんで洗い流し、清潔にすることが大切です。ただ、タオルは分けて使用したほうがよいでしょう。

清潔にし、患部をしっかり覆う

水いぼ――取るべきか、取らざるべきか

Q 水いぼは、「取ったほうがいい」と言う人と、「取らなくていい」と言う人がいるのですが、どちらが正しいのでしょうか。

水いぼとは、かき傷などの小さな傷から、ポックスウイルスというウイルスが侵入《しんにゅう》し、皮膚《ひふ》に寄生したものです。

1、2ミリ程度（中には5ミリくらいの巨大《きょだい》なものもある）の水膨《みずぶく》れのように見えるできものですが、水がたまっているわけではありません。

かきむしると周囲に感染し、100個くらいにまで増えることがあるので、「百いぼ」

ともいいます。

取るべきか、取らざるべきか。

医者によって「取るべき」と言う人と「取らなくても治る」と言う人がいます。**放置していても何年かすれば治るので、その点は安心されてよいと思いますが、その間、多くの人にうつしてしまうことがあります。また、水いぼが巨大化《きょだいか》すると、治ってもあとが残る場合があります。**私は取ったほうがよいと実感しています。

専用のピンセットがあり、つまんで簡単に取ることができます（痛いのがなんともふびんではありますが……）。

皮膚科

冷やして気持ちいい虫刺され

Q うちの子はよく蚊に刺されて、あとが残ってしまいます。かゆみを止める方法があれば教えてください。

蚊《か》は、顔や手足など、服から出ている場所を刺《さ》します。小さい子どもほど、刺《さ》されると大きくはれてしまいます。耳も好きで、刺《さ》されると耳がダンボになります。服から出ていない所を刺《さ》された場合は、ダニの可能性が高いです。「ダニは引《ひ》っ込《こ》み思《じ》案《あん》」であり、おなかなど、服に隠《かく》れた部分を刺《さ》すことが多いのです。

かゆみを止める、最も早い方法は、保冷剤《ほれいざい》などで「冷やす」ことです。市販《しはん》の虫刺《むしさ》されの薬（スプレーや軟膏《なんこう》）にも、スーッとして気持ちいい冷却効果《れいきゃくこうか》をねらったものがあります。

たかが虫刺《むしさ》され、されど虫刺《むしさ》され。かきむしって「とびひ」になることもありますので、ひどい場合は、病院で塗《ぬ》り薬《ぐすり》や、かゆみ止めの飲み薬をもらわれることをお勧《すす》めします。

おいしそうなあんよ。
蚊の気持ちがわかるわ〜
でも許しまセン!!
殺虫

皮膚科

やけどは1秒でも早く冷やす！

Q 子どものやけどは多いと聞きましたが、受診するまでにできる応急手当はありますか？

やけどは、時間がたつほど皮膚《ひふ》の奥《おく》へと損傷が進みます。ですから、1秒でも早く流水で冷やすことが大切です。「とにかく受診《じゅしん》しなくては！」と、あわててしまいますが、軽いやけどなら痛みが落ち着くまでは流水に当て、それから保冷剤《ほれいざい》で冷やしながら受診《じゅしん》してください（大人の手のひらを超《こ》える大きさのやけどの場合、流水で冷やしすぎると低体温になることがあります。ぬれタオルなどで冷やしながら、すぐに受診《じゅしん》してください）。

あちー!!
たいへん!!
じゃー
やけどは1秒でも早く流水で冷やすことが大切です
服の上から熱い物をかぶったときは服のまま水で冷やしましょう
やけどの範囲《はんい》が広い場合、流水で冷やしすぎると低体温になることがあるので
ぬれタオルなどで冷やしながら、すぐに受診《じゅしん》してください

水《みず》膨《ぶく》れができることがありますが、できるだけ破れないようにすると、早く治りますよ。

Dr.明橋の相談室

たいへんですね
一息どうぞ
コト

おしゃぶりが手離せないんです

Q

おしゃぶりがいつまでたっても離せません。少しでも安定した心で過ごしてほしい思いもありますが、「与えていれば楽」という親の都合から、ズルズルきたのではないかと悩んでいます。

アドバイス

「おしゃぶりが手離《てばな》せない」という悩《なや》みはよく聞きますが、決してお母さんが楽をしたいから、という理由だけではないと思います。

質問にも言われているように、「少しでも安定した心で過ごす」ために、今はおしゃぶりが必要だと思われたからではないでしょうか。

実際、子どもがお母さんのおっぱいから離《はな》れて、自立をしていくときには、やはり不安になります。そこで安心感を得るために、一時、おしゃぶりが手離《てばな》せなくなるのです。指しゃぶりや、ぬいぐるみやタオルなどに執着《しゅうじゃく》するのも、基本的には同じだと思います。

手離《てばな》せないのは、それが今、その子にとって必要な物だということです。そういう気持ちは、基本的には尊重すべきだと私は思います。

といっても、続くとどうしても心配になってしまいます。無理やりにでも離《はな》れさせなければと、あせってしまう気持ちはよくわかります。でも、それだけ子どもは安心感を求めているのですから、力ずくで取り上げようとしても、なかなかうまくいきません。

まずは、今のこの子にとっては必要な物なんだと理解したうえで、「大好きなおしゃぶりだから、きれいに洗っておこうね」などと、少しずつ離《はな》れさせるきっかけを与《あた》えていってはどうでしょうか。

そして、別の形で、じゅうぶんな安心感を与《あた》えていく。スキンシップをしたり、興味の持てるものをいろいろ経験させたりしていくのです。外の世界に目が向き、遊びに夢中になり始めると、だんだんとそういった物には振《ふ》り向《む》かなくなってくると思います。

相談室

家では、おしゃぶりがないと機嫌《きげん》が悪くてたいへんなのに、保育園の先生に聞いてみると、意外と平気で過ごしていたりします。家でも寝《ね》るときだけになっていったり、少しずつ時間が減っていきます。そうしているうちにやめていた、というのが、いちばんいいんじゃないかと思います。

それでも、いろんな事情があって、おしゃぶりが続く場合があります。そうなると、周りの目もますます気になってきます。

でも、おしゃぶりをしていたからといって、別に他人に危害を与《あた》えるわけではありません。歯並びへの心配も出てきますが、心の安定とどちらが大事か、ということもあると思います。大人になって、おしゃぶりをしている人は、見たことがありません。続くように思えても、ほんの少しの間のことなのです。

子どもの「依存《いぞん》」と「自立」は、あくまでも子どものペースで、が基本だと思っています。子どもが「お母さーん」と言って甘《あま》えてきたら、よしよしする。「自分でやる！」と言ったら、させてみる。

子どものペースでやるというのは、実はすごく大切な意味があって、それを乳幼児期からしつけ優先で、「甘《あま》えさせちゃいかん！」「子どもの意のままにさせたらダメ！」と言うのは、それが子どもの自発性や周囲への信頼感《しんらいかん》をどれだけ損《そこ》なうか、というリスクをじゅうぶんわかっていない人だと思います。

子どもが「抱《だ》っこして〜」と甘《あま》えてきたり、おしゃぶりをしたりするのは、自分の心を守るために必要なアクションです。それはすごく大切なもので、決して困った行動と否定するのではなく、尊重する感覚を養っていくことが大事だと思います。

✕困った行動と否定してしまう

もう2歳なのにまだ指しゃぶりなんかしてるの!?
あきれた
恥《は》ずかしいわね
ちゅー
いつまでもやってたらたいへんなことになるわよ
無理やりにでもやめさせないとダメよ
ガーン
やっぱりそうだったんだ……
ちゅぱ
ちゅぱ
またしゃぶってる！やめなさい!! 今度しゃぶったらカラシを塗《ぬ》るよ！
ちょっと安心したいだけなのに……
信頼感ダウン

相談室

○「今のこの子にとっては必要」と尊重する

まだ指しゃぶりしてるの?
この子にはまだ時々必要みたいだわ
安心感アップ
ママは私の気持ちをわかってくれる
信頼感アップ
ちゅぱちゅぱ
きゃあ
きゃあ
きゃあ
きゃあ
安心感アップ
信頼感アップ
きゃあ
きゃあ
安心感アップ
信頼感アップ
じゅうぶんな安心感を与《あた》えるといつの間にか指しゃぶりはしなくなります
あーしょぼー
あら、もう指しゃぶりしてないわ

育てにくいと感じる子

Q 育てにくい子と感じていましたが、乳幼児健診で、「広汎性発達障害の疑いがある」と言われました。どのように受け止め、育てていけばいいでしょうか。

育てにくいと感じるお子さんを、お母さんは、よくここまで育ててこられたと思います。

健診《けんしん》で発達障害の疑いがあると言われたとのことですが、最近はそういう知識が広まってきて、診断《しんだん》される人も増えているようです。健診《けんしん》では、「可能性があるので、その後の成長を見ましょう」という段階です。

発達障害の人は、現在では、だいたい50人から１００人に1人ぐらいいるといわれています。人とのコミュニケーションが苦手な面がありますが、決して育て方に問題があったわけではありません。その子が持って生まれたものです。ただ、固定したものではなく、今後の関わり方によって、その子なりに成長していくといわれています。

発達障害は、一言でいうと、「能力のでこぼこがある」状態です。得意なものには、とても力を発揮するけれど、苦手なものは、かなり苦手。特に人と関わるときに、苦手な面が目立つことが多いです。しかし逆に、能力を発揮した人も多く、歴史上で有名な科学者や数学者の中には、今なら発達障害と診断《しんだん》される人が、けっこういたのではないかといわれています。

苦手な面も、成長するにつれて伸《の》びていくものです。お子さんの様子を見て、「できること」と「できないこと」を見極め、わからないことは専門家に相談しながら考えていかれたらいいと思います。

発達障害があるにせよ、ないにせよ、子どもが幸せな人生を歩めるかどうかは、やはり自己肯定感《じこうていかん》にかかっています。「自分は大切な存在なんだ」「愛されているんだ」「自分も人の役に立てるんだ」という感覚が土台にあれば、多少、能力にでこぼこがあっても、自信を持って明るく生きていくことができます。

しかし、「ダメな子」「わがままな子」と言い続けられた子どもは、だんだんと自信を失い、萎縮《いしゅく》し、ストレスをため込《こ》んでしまいます。そのことのほうがよほど心配です。

最近は、発達障害の子どもの事件が時々取り上げられますが、障害があるから事件を起こすのではなく、やはり、いろいろなストレスを抱《かか》えているのです。

子どもの現実が認められることなく、「この子はそんなはずがない。やる気がないだけだ、怠《なま》けているからだ」と、ガンガン叱《しか》られてばかりいると、自己肯定感《じここうていかん》自体が低くなってしまいます。これを二次障害といいます。発達障害は生まれつきですが、二次障害は情《じょう》緒《ちょ》障害《しょうがい》であり、周囲の接し方によるものです。

「やればできる」のではなく、本当にできないのです。「できなかったのに、無理言ってごめんね」と見ていくことが大切なのです。

「この子はこの子でいいんだ。いいところがたくさんあるし、がんばっている」と、まず認めることだと思います。親に認められた子は、幸せに育ちます。

そしてお母さんもまた、「育てにくい子だ」と感じながらも、ここまで一生懸命《いっしょうけんめい》育ててこられたんだ

と思います。そういう親御《おやご》さんの子育ては、決して間違《まちが》っていないし、お母さん自身も、「私は私でいい。自分もがんばってる」とぜひ、思っていただきたいと思います。

✕ わがままだと思い、叱ってばかりいる

ガミ ガミ
ちゃんと人の話を聞きなさい!!
ガミ ガミ
どーしてあんたはいつもそうなの!!
ちょっと待ちなさい!!
ガミ ガミ
プイッ
なんてわがままな子なの
あんたみたいなしょーもない子は世の中やっていけないわよ!!
ガミ ガミ
ほんとにダメね!!
ボクってほんとにダメなんだ!!

○「できること」と「できないこと」を見極める

人とのコミュニケーションは苦手だけど、この子はこの子
この子なりの成長過程だわ
大丈夫？
ケンカした
優しいし、正義感が強いし
痛いの飛んでけ〜
いいところもたくさんあるわ
私もそれなりにちゃんと言って聞かせているわけだし……
自己肯定感《じここうていかん》があれば多少能力にでこぼこがあっても、自信を持って明るく生きていくことができます

人前に出るのが苦手です

Q 発表会の前になると「行きたくない」と言いだします。人前が苦手なので、「もしかして、あがり症？」と心配です。

発表会を見に行くのを、みんなが楽しみにしているのに、肝心《かんじん》の子どもが、「行きたくない」と言いだす。親御《おやご》さんが困るのも無理もありません。

ここで、まず知っていただきたいのは、人前に出るのが苦手なのも、「その子なりの性格なんだ」ということです。

大勢の前に出て平気な子もいれば、すごく繊細《せんさい》で、ビクビクする子もいます。先生に質問されて、自分からハイハイと手を挙げる子もいれば、当てられても、もじもじして何も話せない子もいます。人それぞれです。では、話せない性格が悪いのかというと、人一倍、他人に気を遣《つか》う優しい面があるなど、いいところがたくさんあるわけです。ハイハイと自分を出せるのは、周りを気にしていないからできるともいえます。

性格というのは、たとえきょうだいでも、一人一人違《ちが》うものです。それぞれいいところもあれば、悪いところもあります。どれがいいというものではないのです。

「あがり症《しょう》」といってしまうと、まるで何かの症状《しょうじょう》のように感じますが、決して病気とか、人格的な欠陥《けっかん》などではなく、一つの性格なんです。病気だから治さなければならないというようなものではありません。

「性格に応じて、この子らしく成長していけばいいんだ」というのが、いちばん大切なことだと思います。

ところが、みんなの前で、もじもじしている子どもを見ると、つい「どうして、ちゃんとしゃべらないの?」「もっと勇気を出しなさい!」と言ってしまいます。エスカレートすると、「このぐらいできないようでは、将来、人前でやっていけんぞ!」「働けんぞ!」と言う人までありま す。これでは、叱《しか》るとか、忠告ではなく、脅《おど》しです。

「あがり症」は
病気でもなければ
治さなければならない
欠点でもありません
ドキ
ドキ
ドキ
ドキ
ドキ
ドキ

否定されると、よけいに自信を失います。自信を失うと、さらに人前に出られなくなります。出られないと、また叱《しか》られ、一層、自信を失う……。どんどん悪循環《あくじゅんかん》に陥《おちい》っていくのです。

子どもに「あがり症《しょう》」という病気はありませんが、こういう悪循環《あくじゅんかん》のまま大人になると、本当の病気や、引きこもりになる可能性が出てきます。

本当に心配なことは、「あがり症《しょう》」ではなく、「人前に出られない『あがり症《しょう》』のおまえはダメな子なんだ」と否定されて、自己肯定感《じここうていかん》を失うことです。

ですから、大切なことは、「この子はこの子らしく成長したらいいんだ」と、子どもの性格をまずは認めることだと思います。本当は人前に出るのは苦手なところを、毎日、ちゃんと人の中に入って、活動しているわけです。その子にとっては、とても勇気のいることなのですから、「毎日がんばって学校に行ってるよね」などと認める。認められると、自信を持てます。自信が持てたら、人前に出ても大丈夫《だいじょうぶ》、と少しずつ思えるようになってきます。やってみると、「よくできたね、すごいじゃないの」とほめられて、ますます自信がつき、人前で話せるようになる。いい循環《じゅんかん》になっていくのです。

また、そうやってほめられて、自《じ》己《こ》肯《こう》定《てい》感《かん》をちゃんと育ててもらった子は、たとえ人前で話すのが苦手でも、幸せに生きていくことができるのです。

✕うまく話せなかった子どもを責める

ボソ ボソ
モジ モジ
くー
イラ
イラ
どうしてあんなしゃべり方をしたの?
もっとハッキリ大きな声で話しなさい!
お母さんがっかりしたわ!
自信喪失
本当は勇気を出してがんばりたかったんだけど……
やっぱりボクってダメだなぁ……
今度は運動会を休む!? そんなことでどーするの!!
この先やっていけなくなるわよ!!
ううう う……

○その子なりのがんばりを認める

ボソボソ
恥《は》ずかしがり屋なのはこの子の性格。この子らしく成長していけばいいわ
今日はよくがんばったね
ぱあっ
次はもっとがんばるからね！
自信！
あんたはいつもがんばってるから大丈夫《だいじょうぶ》よ
そんなことないよ、全然だよ
毎日休まず学校に行ってるだけでもエライよ

仮病を使うのですが

Q 仮病かな?と思ったのですが、「おなかが痛い」と言うので保育所を休ませたところ、毎朝、「痛い」と言うようになってしまいました。甘えグセがついたのでしょうか?

「じゃあ休もうか」と言うと、ケロッとよくなる。そういうときはやはり、精神的なものなんですが、これは決して、甘《あま》えグセがついたということではないと思います。何らかの理由で、保育所に行くのがつらかった、お母さんとずっと一緒《いっしょ》にいたかった、ということではないでしょうか。

たとえ体の病気がないとしても、「おなかが痛い」と言わざるをえない子どもの気持ちは、本当なのです。大切なのは、「そんな体の症状《しょうじょう》を訴《うった》えてまで、何を伝えようとしているのか」です。

何か理由がある場合は、それを言葉にして表現できるよう、子どもの気持ちを酌《く》んでいくことが大切です。

例えば「おなかが痛いって言うけど、もしかしたら保育所で嫌《いや》なことがあるのかな」などと聞いてみる。なかなか答えないと思いますが、少し話してきたら、「どういうことがあったの？」「何が嫌《いや》だったの？」と具体的に聞いてみます。

たまたま思いついたことなら、そのときで終わりますが、本当につらいなら、何回聞いても、同じ話題が出てくるはずです。そのつど変わるのは、そんなに大きな問題ではないことが多いです。

意外とあるのが、「先生が怖《こわ》い」です。保育所にも、やんちゃな男の子がいて、先生も何とか抑《おさ》えつけないといけないと思っていて、ガンガン叱《しか》っている。そういうのを見ていると、実際にどなられているわけではなくても、敏感《びんかん》な子は、すごい恐怖《きょうふ》を感じます。自分が怒《おこ》られたらどうしよう、とビクビクするのです。それで、保育所がつらくなっていることがあります。

もう一つは、ちょっとお母さんに甘《あま》えたいとか、下の子にお母さんを取られたような気がして、寂《さび》しい思いをしているけど、もうお姉ちゃんだから言えない、などです。

休んだら、お母さんと一緒《いっしょ》にいる時間ができるわけですから、それで気持ちは満たされます。そうやって満たされていくと、だんだん家にいるのが退屈《たいくつ》になって、また行く、というようになってきます。

そんなに悠長《ゆうちょう》に構えられない場合は、一応、保育所には連れていくけれど、帰ってきたら時間を取って、しっかりスキンシップをしたり、「甘《あま》えてきたな」と思ったら、じゅうぶん構ってやったりすることです。それには、家族の協力も必要になります。

理由がわからないということもありますが、甘《あま》えが満たされ、「自分は大切にされている」と感じることができれば、必ず意欲となって現れます。「4月のクラス替《が》えが原因かな?」などと思っていても、気がつけば友達《ともだち》ができ、自分からうれしそうに「保育所に行く!」と言いだしたりします。

それをただ、「甘《あま》えるな!」みたいに厳しく怒《おこ》るだけで、その背景を考えることなく無理やり行かせることを続けていると、そのときは症状《しょうじょう》がなくなっても、やがて、小学校、中学校になってから、不登校などの形で出てくることもあります。ということは、症状《しょうじょう》がなくなったのは、本当によくなったからではなく、子どもがあきらめて、イヤな気持ちを心の底に封《ふう》じ込《こ》めてしまっただけだった、ということです。

「仕事も休めないし、子どもの心も心配だし」と、悩《なや》みはつきないと思いますが、お母さんが迷っているままが、ちゃんと甘《あま》えをキャッチしていることになるので、その点では、そんなに心配ないのではないかと思います。

✕ 甘えグセがつくと思って、無理やり行かせる

今日もおなかが痛いから保育園お休みする
何言ってるの
お母さんお仕事休めないんだから、サッサと準備して!!
甘《あま》えグセがついたのかしら。嫌《いや》だわ
お母さん行かないでー!! お母さんがいいー
わーん
わーん
ちょっとやめてよ!! 仕事に遅《おく》れちゃうでしょ!! 離《はな》してよ!!
わー!!
ベリ
ベリッッ
一度休むとクセになっちゃいますからね。これでいいんですよ
だれも私の気持ちをわかってくれない!!
わーん
わーん

◯「行きたくない」という気持ちを酌む

どこが痛いの？
お母さんがさすって
あげるからね
どうしてもガマン
できなくなったら、
先生に言うんだよ。
すぐに迎《むか》えに行くからね
お母さんがいいー!!
行かないでー!!
お母さんも大好きだよー。
帰ったらたくさん
抱《だ》っこするから、
がんばろうね！
イヤダイヤダって
言いながらでも
いいからね
お母さんは私の気持ち
わかってくれる
夜——
保育園では何か
楽しいことあった？
ぎゅううう……
私は大切に
されているんだ

歯科

歯科医
花崎 広子

「歯医者さん」と聞くと、「怖い」「痛い」イメージを持っている方が多いのではないでしょうか。
家でまじめに歯みがきをしているつもりでも、どうしてもできてしまう虫歯。初めて虫歯になってから、その歯がなくなるまでの寿命は、何の手入れもしないままでは、だいたい決まっているといわれています。でも、ブラッシングはもちろん、フッ素やキシリトールなどの活用や、歯科での定期健診で、生涯の歯を残すことができます。
「歯医者さんは、虫歯になったときだけ通って、歯を削ってもらう所」ではなくなってきているのです。将来の健康な歯を守っていくのが、「歯科の本領」だということを、ぜひ知ってもらいたいと思います。

イヤイヤ期でもできる、虫歯予防

Q 1歳半になり、歯もだいぶ生えてきたのですが、歯みがきは嫌がるし、甘い物もよく食べます。このままでは、虫歯になってしまうのではないかと心配です。

このぐらいの年齢《ねんれい》の子は、歯みがきを嫌《いや》がるもので、お母さん方は毎日たいへんです。虫歯になると、「ちゃんと歯をみがいていなかったから」とか、「甘《あま》い物の食べすぎ」といわれます。でも、がんばっていても、やっぱり虫歯ができてしまうのはなぜでしょう。親御《おやご》さんの中にも、治療《ちりょう》した歯のない方は、ほとんどおられないのではないかと思います。「歯みがきしなさい！」「甘《あま》い物はダメ！」だけでは防げない、正しい虫歯予防のポイントをお話ししましょう。

虫歯も細菌感染の1つです

まず、虫歯はどのようにしてできるのでしょう。**「甘《あま》い物で、歯が溶《と》けるんでしょ？」と思っている人がありますが、砂糖で歯が溶《と》けることはありません。**

虫歯は、虫歯菌《むしばきん》（主にミュータンス菌《きん》）の感染によって起こります。感染して歯の表面にすみつくと、虫歯菌《むしばきん》は砂糖をエサにしながら、酸を出します。その酸が影響《えいきょう》し、歯を溶《と》かしてしまうのです。

こんな細菌《さいきん》は、口の中からいなくなればいいのにと思うのですが、日本人で虫歯菌《むしばきん》を持たない人なんて、まずありません。でも、**虫《むし》歯菌《ばきん》がいても、虫歯にならない人はたくさんあります。その違《ちが》いはどこにあるのでしょう。**

口の中は、細菌のイス取りゲーム

赤ちゃんの口の中には、もともと虫歯菌《むしばきん》は存在しません。だいたい1歳半から2歳半の間に、親の口からうつります。こんなことを聞くと、「口うつしや、チューをしないように」と努力する人もありますが、**親の口の中の細菌《さいきん》は、自然と子どもにうつっていきます。**

そのうつり方は、まるでイス取りゲームのようです。親の口の中には、虫歯菌《むしばきん》のような悪い菌《きん》と、善《よ》い菌《きん》（常在菌《じょうざいきん》）が共存していますが、**子どもの口の中に、先に常在菌《じょうざいきん》がすみつくと、なかなか虫歯菌《むしばきん》は座れません。ところが、だれも座っていない所へ大量の虫歯菌《むしばきん》が行くと、先に居座ってしまいます。**ですから、親の口の中の虫歯菌《むしばきん》をできるだけ減らし

虫歯ができるまで

パクパク
砂糖
うまいうまい
ネバ〜
ネバ〜
酸
酸

虫歯菌は砂糖をエサにして歯の表面にすみつき、酸とネバネバ物質を出します

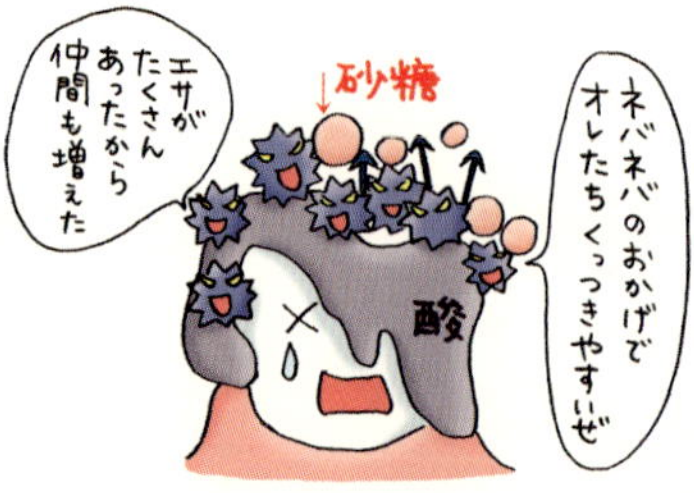

ネバネバのおかげでオレたちくっつきやすいぜ
砂糖
エサがたくさんあったから仲間も増えた
酸

酸によって歯が溶けだし、虫歯になります

ておくことが大切です。

言い聞かせができるようになるまでは、しっかり歯みがきができないことのほうが多いと思います。「その分、自分の歯を丁寧《ていねい》にみがいて、子どもにうつる虫歯菌《むしばきん》を少なくしておこう」と切《き》り替《か》えられたら、少しは気がラクになるかもしれませんね。

生まれたばかりの赤ちゃんの口の中には虫歯菌《むしばきん》は存在しません
お母さんが守ってあげる!!
ピカ
ピカ
ううう
ガマンガマン
パパの箸《はし》っ
ダメー!!
あーん
どんなにがんばってもいつの間にか感染するものです。
その分、お母さんの虫歯菌《むしばきん》を減らしましょう
お父さんもネ!
ハイ……

ムウ、やりにくいな……
赤ちゃんの口の中に、先に常在菌がすみつくと、なかなか虫歯菌は入れません

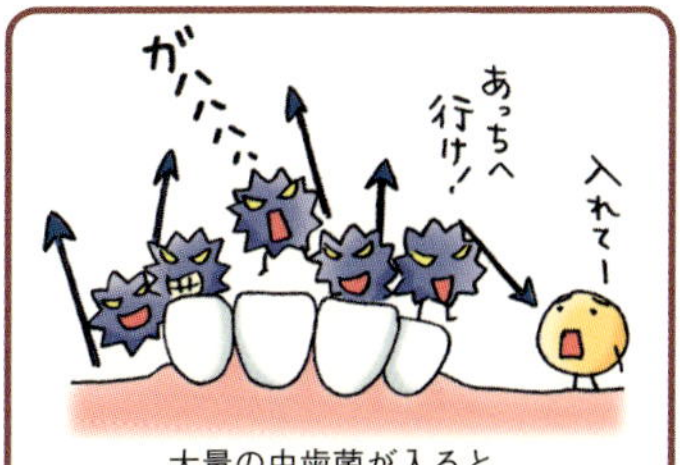
ガハハハ
あっちへ行け!
入れてー
大量の虫歯菌が入ると、先に居座ってしまいます

歯科

大敵は、砂糖が歯に触れている「時間の長さ」

甘《あま》い物は「ダメ」といっても欲しがるし、親が気をつけていても、周りの人からもらうこともあるので、避《さ》けようがありません。実は甘《あま》い物を食べていても、虫歯になりにくい工夫があるのです。

たとえ虫歯菌《むしばきん》が子どもの口に入っても、歯の表面に定着して活動するためには、砂糖が「大量に・長時間」口の中に存在しなければなりません。

先ほどのイス取りゲームの例えでいうと、一度イスに座っても、そこに大量の砂糖がなければ、虫歯菌《むしばきん》は居座れなくなって、離《はな》れていくのです。

虫歯菌《むしばきん》が喜んで活動を始めるような状態は、ふつうの食事では起こりません。むしろバランスのよい食事は、繊維質《せんいしつ》をよくかむことにつながり、歯を掃除《そうじ》してくれます。

気をつけたいのは、「お菓子《かし》の食べ方」です。

食べ方による酸性度の変化

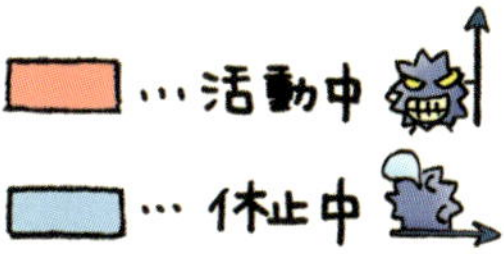

…活動中
…休止中

規則正しい食事

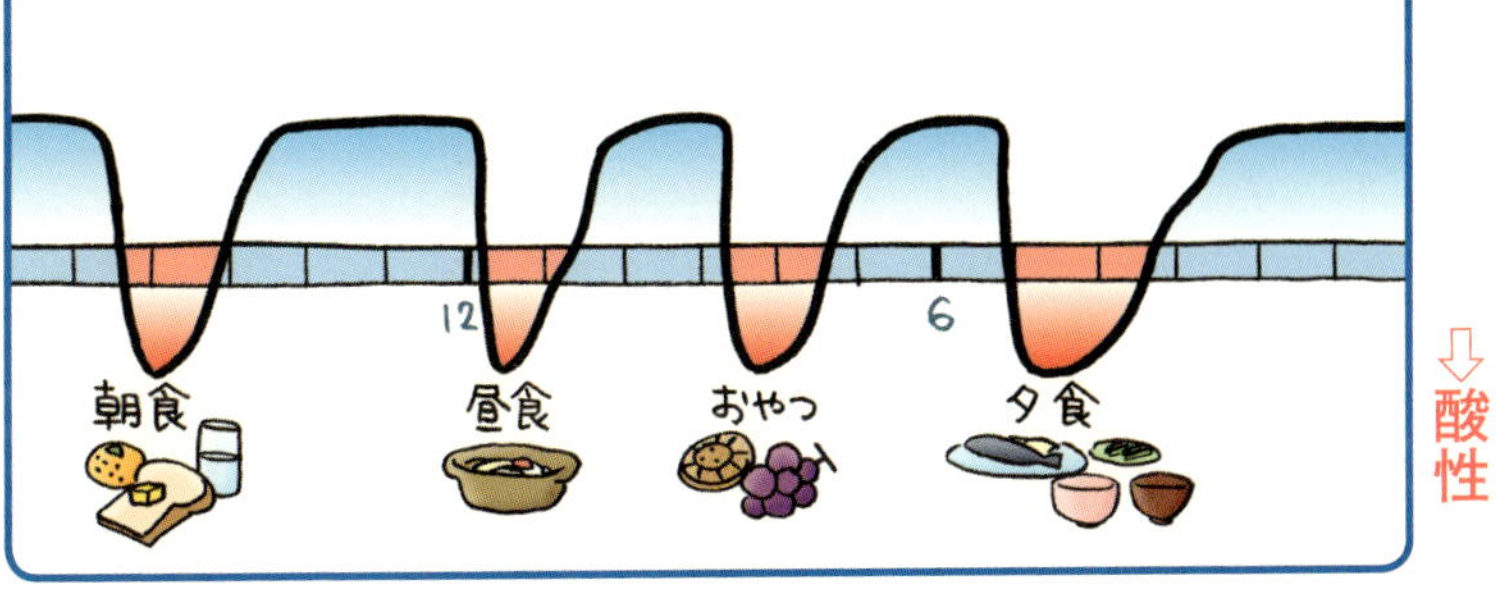

12
6
朝食
昼食
おやつ
夕食
⇩酸性

ダラダラとした間食

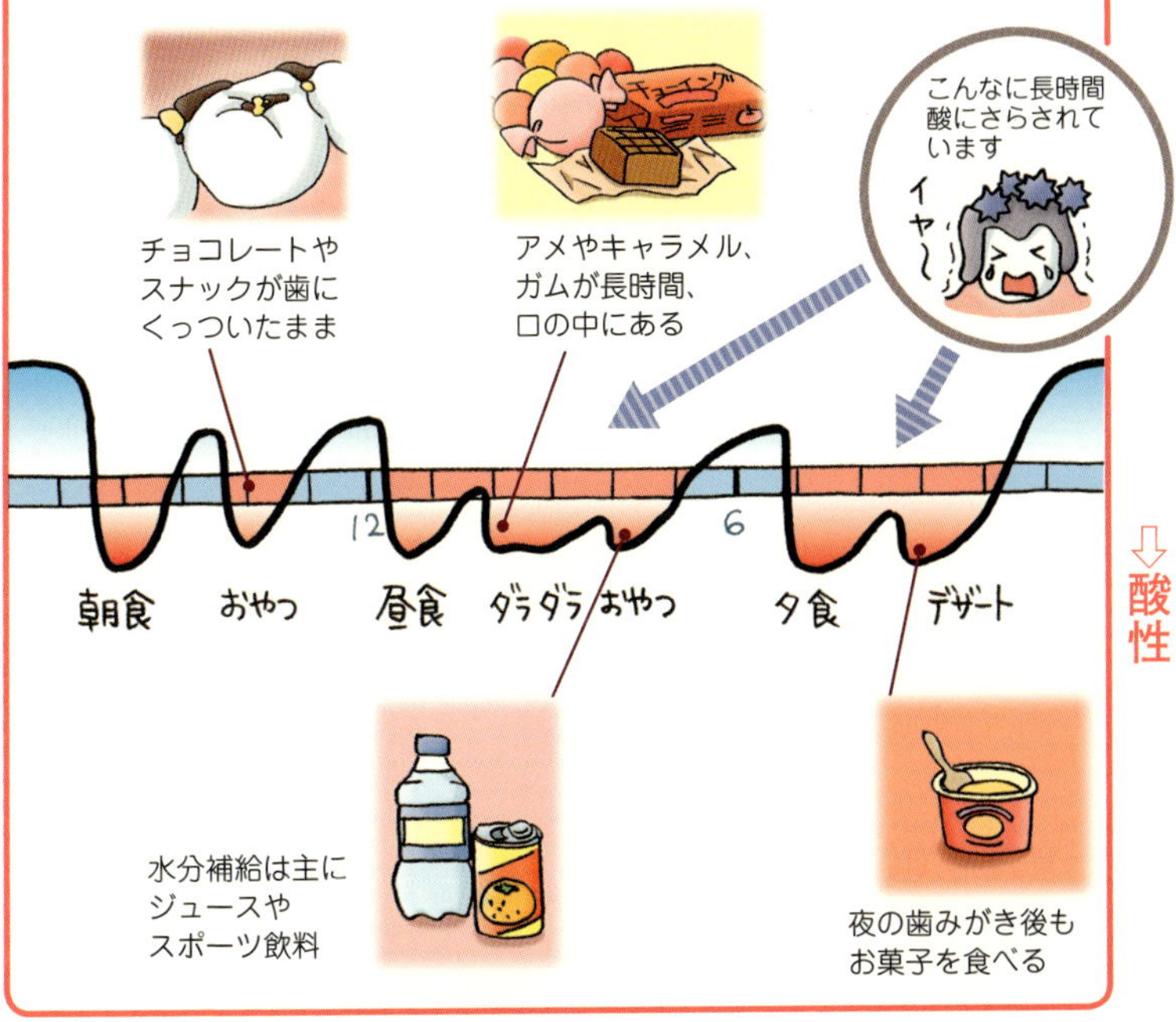

チョコレートやスナックが歯にくっついたまま
アメやキャラメル、ガムが長時間、口の中にある
こんなに長時間酸にさらされています
イヤ〜
12
6
朝食
おやつ
昼食
ダラダラおやつ
夕食
デザート
⇩酸性
水分補給は主にジュースやスポーツ飲料
夜の歯みがき後もお菓子を食べる

口の中を虫歯菌から守る工夫

できないときは
最後に
飲むだけでも!

食後に、お茶や水で口をゆすぐ

砂糖を洗い流すだけでなく早く中性に戻ります

一緒に!
食事のデザートに

甘《あま》い物はダラダラ食べずなるべく一度に取る

問題は、量ではなく回数です

キシリトール100
チョコ
キシリトール
グミ
ガム

キシリトールなど、砂糖を使っていないお菓子《かし》を選ぶ

繊維質《せんいしつ》の多い物は食べるだけで歯みがき効果がある

※果物の糖は「果糖」といって虫歯菌のエサになりにくい

食事と一緒《いっしょ》に食べたお菓子《かし》は、虫歯発生にはあまり関与《かんよ》しませんが、間食で取ると虫歯になりやすいことがわかっています。

昔の人が、歯みがきをしなくても、ほとんど虫歯にならなかったのは、お菓子《かし》やジュースを間食にする、という環境《かんきょう》がなかったからでしょう。

いちばん効果のある、寝る前の歯みがき

よく「食べたらみがく」といわれますが、歯みがきを嫌《いや》がる時期は、たとえ毎食後にみがけなくても、寝《ね》る前にしっかりみがけたらじゅうぶんだと思います。**虫歯が作られるのは、主に寝《ね》ているときだからです。**昼間は唾液《だえき》が常に分泌《ぶんぴつ》されていて、虫歯菌《むしばきん》が出す酸を中和し、その影響《えいきょう》を抑《おさ》えています。ところが眠《ねむ》ったとたん、唾液《だえき》の流れはピタッと止まります。すると、口の中は細菌《さいきん》の培養《ばいよう》器《き》のようになり、**砂糖というエサが残っていれば、虫歯菌《むしばきん》の天下が始まります。ですから、「寝《ね》る前の歯みがき」がいちばん大切なのです。**

とはいっても、小さい子は気づかないうちに寝《ね》てしまうことも多く（反対に寝《ね》かしつけるだけでたいへんだったり……）、「歯みがきできないまま、寝《ね》てしまった！」ということは、よくあります。どうしても難しいときは、「1日の生活の中で1回、しっかりみがけたらいいですよ」と伝えています。また、食事のあとは、お茶や水で口をゆすいでおくだけでも、少しは安心できるのではないでしょうか。

プロの口腔内清掃と、驚きのキシリトール

歯科では、歯みがきのサポートとして、「PMTC（Professional Mechanical Tooth Cleaning)」という口腔内清掃《こうくうないせいそう》を行っています。**その名のとおり〝プロの歯みがき〟で、家庭のブラッシングだけでは取り切れない歯垢《しこう》を、専用のやわらかいゴムのついた機械でキレイに落とす方法です。**歯石取りとは違《ちが》い、口内エステのような感覚です。大人はふつう、年に1、2回（1回30分程度）の清掃《せいそう》で、虫歯菌《むしばきん》（歯周病菌《ししゅうびょうきん》も！）をかなり減らすことができます。自分で清掃《せいそう》し切れない歯垢《しこう》を取るためのものですが、子どもに実施《じっし》している所もあります。

また、**キシリトールのガム（キシリトール100パーセントの物。あるいは厚生労働省許可の物）を食後にかむという方法もあります。3週間連続してかむと、虫歯菌《むしばきん》は相当減るといわれています。**

どちらも、乳幼児期の子を持つ親御《おやご》さんにとっては、それほど神経質にならずに、子どもを虫歯から守る方法ですので、詳《くわ》しいことは、かかりつけの歯科医に尋《たず》ねてみられたらいいと思います。

ちゃんと歯みがきしているつもりなのに、また歯科健診《しかけんしん》で引っかかったわ
おやつのダラダラ食べも気をつけているのに
スパルタ
ハイハイ！みがく前に寝《ね》ちゃダメよ！
一層の歯みがき強化を!!
パン
パン
パン
パン
お母さん、毎日きれいにみがいていても、自分で、歯の汚《よご》れを完全に取り切るのは難しいことなんですよ
クセもあるし、どうしても汚れが残ってしまう溝もあります
歯科で行っている歯みがきでは、いつもの歯みがきでは取り切れない汚《よご》れや、目に見えない細菌《さいきん》まで取れるので、とってもスッキリしますよ！
ぐー
気持ちがよくて寝ちゃう人もいるくらいです
たとえ虫歯を治療《ちりょう》しても虫歯菌《むしばきん》そのものを減らさなければ、また虫歯はできてしまいます
なるほど
どこも歯が痛くないうちに歯医者に行って、シッカリきれいにしてきてくださいね
ハイ！

「歯みがきできたね！」ママの工夫（体験談）

うちの場合、子どもが好きな歌を、口を開けさせている間に歌うと、子どもは歌を聞きたいので、しばらくはおとなしくしています。
　歯みがきの前に「今日は、何の歌にする〜？」と言うと、ちょっとは楽しい時間になるかな、と思います。

まほちゃん（2歳）のママ

手鏡を持たせ、「ここにムシバ菌《きん》がついてるよー」と言って、みがくのを見学させると、わりとうまくいくことが多いです。

がくくん（2歳）のママ

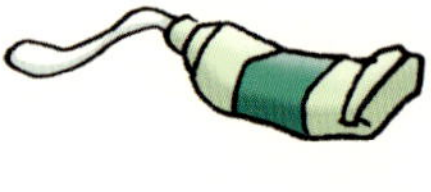

毎日、歯みがきで追いかけまわすのに疲《つか》れていましたが、ある日、見かねたパパが、「じゃあ、パパが先！」とうれしそうに走ってきてくれると、競争心からか子どものモードが変わり、ちゃんと歯みがきができました。
　しばらくその方法が使えたので、次はムシバキンマン役をやってもらいましたが、それは失敗。でも、パパの協力はありがたいです。

みさおくん（1歳）のママ

言い聞かせができるようになってからは、「歯みがきをしなかったら、虫歯になるよ。虫歯になったら、歯医者さんで削《けず》ることになるから、ママにみがかせてね」と説明しました。
　そして、歯を見て、「うわ！　虫ばいきん、いた！　こっちに2匹《ひき》。今やっつけちゃうからねー。あ！　こっちにも。大丈夫《だいじょうぶ》だよ、お母さんに任せてね。ななちゃんの歯から出てってくださーイ‼」と演技しています。そのときの子どもの顔は、とっても満足そうでした。

ななこちゃん（3歳）のママ

初めての虫歯治療を、予防への大きな一歩に

Q 保育所の歯科健診で、虫歯が見つかりました。歯医者に連れていくのがかわいそうなのですが。

健診《けんしん》で見つかる虫歯は、まだ小さいものがほとんどです。乳歯の場合、削《けず》らず、進行を遅《おく》らせる薬を塗《ぬ》ることもあり、それも含《ふく》めて早めに歯医者さんと相談することが大切です。**たとえ削《けず》る場合でも、小さい虫歯なら、痛みはほとんどありません。**

子どもと歯科医との出会いは、「初めて虫歯ができたとき」がほとんどです。しかし、「治療《ちりょう》が済んだら終わり。次に来るのは、また虫歯になったとき」ではなく、これを機に「かかりつけ医」を持って、定期健診《ていきけんしん》や歯の清掃《せいそう》など、気軽な歯科通《がよ》いに切《き》り替《か》えてみてはいかがでしょうか。

虫歯は急にできるものではありません。 治療後《ちりょうご》3カ月以内に、新しい虫歯ができることは、まずないでしょう。初期虫歯なら、経過によっては削《けず》らず再石灰化することもありますので、**3カ月ごとに健診《けんしん》を受けていれば、虫歯になる確率はかなり減ります。**「定期健診《ていきけんしん》なんてたいへん」と思われるかもしれませんが、大人になるまでの虫歯の数を確実に抑《おさ》えることができ、その治療費《ちりょうひ》も不要になるので、結果的に経済的負担も少なくなりますよ。

歯科

虫歯予防に定期健診《ていきけんしん》はよさそうだけど、どこも悪くないのに、歯医者に行くなんて……
忙《いそが》しいし、お金もかかるし……
何となくおっくう
ごじょーだんを!!
お金がかかるって!?
わっお母さん
歯が抜《ぬ》けたときインプラント※にしようと思ったら、1本につき何十万もかかるのよ!!
こんなにお金がかかるなんて知らなかったよ
1本につき!? じゃあ20本なら□百万!! ムリ……うちにはムリ
ブクブク
うううう!
入れ歯にするのは違和感《いわかん》をガマンしなきゃいけないし
どっこいしょ
やっぱり自分の歯でないと食べ物はおいしく食べられないよ
この間聞いた話だけど、自分の歯が、最低20本ないと食事はおいしく楽しめないんだって
それで厚生労働省と、日本歯科医師会が8020運動を広く呼びかけ、予防に力を入れる歯医者が増えているんだよ
8《ハチ》0《マル》2《ニー》0《マル》
80歳で20本の歯を残そう!!

※歯を失った部分のあごの骨に人工の根っこを埋め込み、その上に人工の歯を取りつけること。

再発防止をしなければ最初に歯を削《けず》ったときから、歯が抜《ぬ》けるまでの寿命《じゅみょう》は決まっています
詰め物の隙間から新しい虫歯
でも歯医者で定期的に歯垢《しこう》や歯石をクリーニングし、日ごろから歯をきれいにすることを心がければ
ムムム なかなか侵食できない……
詰め物
ニッ
歯の寿命《じゅみょう》はぐんと延び
たとえ甘《あま》いお菓子《かし》が大好きな方でも、将来20本以上の歯を残すことができるのです!!
カカカカカ
何でもおいしい!!
くーっ 若いときからやっておれば!
おーっ
歯命。
定期的に口の中の掃除《そうじ》に通《かよ》って虫歯予防をした人と、虫歯になったときしか歯医者に行かなかった人とでは、虫歯の増え方も、将来の歯の残存数もまったく違《ちが》います
今日もピカピカにしてもらお!
ウキウキ♡
また虫歯になっちゃった 歯医者ってキライ
定期健診《ていきけんしん》のこと、皆《みな》さんも大切に考えてくださいね

歯科

これならできそう「正しい歯みがき法」

Q 正しい歯みがきのしかたを教えてください。

ガリ
ガリ
私はコレでみがきマス!

いろいろな「みがき方」が紹介《しょうかい》されていますが、**基本的には、歯の表面をもれなくブラッシングできればいいと思います。**

ただ、食べカスさえ取れたらいいのではありません。歯の表面には、「バイオフィルム」という頑固《がんこ》な細菌《さいきん》の膜《まく》ができています。目に見えないネバネバの膜《まく》で、プラーク（歯垢《しこう》）ともいわれます。**この「バイオフィルム」が取れなければ、虫歯は予防できません。**

落とすには、ブラシの毛先を歯に垂直に当て、小刻《こきざ》みに動かすのがコツです。思わず力が入ってしまいますが、手の甲《こう》をこすってみて、痛くない強さが適当です。

力を入れず小刻みに動かす
ブラシを歯に垂直に当てる
小さめヘッドがおすすめ
もれなくブラッシングできればOK！
歯並びの凹凸に合わせて1本1本丁寧に

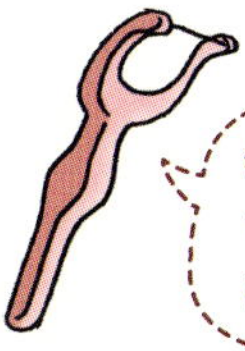

毎日は難しくても、フロスなどで歯と歯の間も掃除してください。歯間から虫歯ができることも多いのです。
※正しい使い方の指導を受けて使いましょう。

歯ブラシの毛先が広がってしまったものは、あまり効果がありません。新しいブラシなら1分で落ちる汚《よご》れが、広がったものでは10分かかっても落ちないのです。

歯みがき粉の効果はいかに？

「歯みがき粉は、しっかりつけてみがかないといけない？」とよく聞かれます。

歯みがき粉をつけるかどうかは、その子がつけたがるかどうかで決めていいと思います。

というのは、**ブラッシングの効果を「9」とすると、歯みがき粉は「1」程度しかないからです。**

歯みがき粉は、どれだけつけても、バイオフイルムの中に潜《ひそ》んでいる虫歯菌《むしばきん》までは届きません。ちょうど台所の排水口《はいすいこう》のようなものです。こびりついたドロドロは、洗剤《せんざい》やクレンザーをかけただけでは、びくともしません。つけておくだけで落ちる強力な薬剤《やくざい》もあり

毛先の広がった歯ブラシは汚れも落ちず、歯ぐきを傷つけることになります。歯ブラシはこまめに取り替えましょう

ますが、口の中には使えません。ドロドロを取る唯《ゆい》一《いつ》の方法は、タワシなどで「こする」ことです。**バイオフィルムも、ブラッシングすることによってのみ、はがすことができるのです。**

バイオフィルムが歯のどこに張りついているかは、カラーテスターで染め出すことができます。市販《しはん》もされていますが、歯科医院で指導してもらうほうが、みがきグセがよくわかりますよ。

世界で虫歯が減っている!? フッ素利用NOW

Q 虫歯予防にフッ素が効くって、本当ですか?

フッ素の虫歯予防効果は、近年、研究データが報告され、注目を集めています。

「子どもの歯にフッ素を塗《ぬ》って大丈夫《だいじょうぶ》なの？」と心配する方もありますが、フッ素は特別な薬品ではありません。もともと自然界に広く存在していて、魚や海草、根菜、お茶などの食品にもわずかに含《ふく》まれているものです。一度にフッ素溶液《ようえき》を大量に飲んだりしないかぎり、心配するようなことはありません。虫歯予防としては、日本ではフッ素を歯に直接作用させる方法が実施《じっし》されています。

フッ素は、歯の再石灰化を促進する

虫歯の始まりは、歯の表面が部分的に白くなることでわかります。これを「脱灰《だっかい》」といいます。虫歯菌《むしばきん》の出した酸により、表層のエナメル質が壊《こわ》れ始《はじ》めているのです。

こんなときは、フッ素入り歯みがき粉をつけてブラッシングすれば、エナメル質が戻《もど》ってきて（再石灰化）、虫歯になるのを防ぐことができます。歯みがき粉は、歯科医院や、薬《やく》

初期虫歯なら治しちゃうぞ！
うーん
頑丈なバリアだ！

フッ素は再石灰化を促進し、強い歯を作ります

剤師《ざいし》常駐《じょうちゅう》の薬局で取《と》り扱《あつか》っている専用の物（大人はフッ素濃度《のうど》950PPM以上）を、説明を受けてから使う必要があります。歯みがき粉のほか、歯みがきジェルや洗口剤《せんこうざい》、フォーム（泡《あわ》）タイプなどがあり、子どもの年齢《ねんれい》や、好みに応じて選ぶことができます。

フッ素は、歯の表面を強くする働きがありますので、やわらかくて虫歯になりやすい「生えたばかりの歯」ほど効果が高く、予防のためのフッ素塗布《とふ》を積極的に行っている市区町村もあります。**ただ、一度塗《ぬ》ればいいものではなく、少しずつ続けていって、ようやく効果が表れるのです。**

せっかくのフッ素も、ブラッシングで歯の汚《よご》れをよく落としてからでないと、歯に働きかけることはできません。「プラーク&シュガー（歯垢《しこう》と砂糖）コントロール」を基本として、フッ素を上手に利用することが大切なのですね。

FOAM
ジェル
フォーム
洗口剤
※使用後30分は飲食を控えてください
年齢に応じて選べます

「虫歯のない大人」も夢ではありません

Q 永久歯を、虫歯にしない方法はあるのでしょうか。

難しそうですが、決して無理なことではありません。
私の子どもも、高校生と中学生ですが、虫歯はありませんし、同じ病院の歯科衛生士の子どもにも、虫歯のない子はたくさんありますよ。

見落としやすいのは、10歳までの仕上げみがき

いちばん、虫歯になりやすい歯は、「生え始めた歯」です。生え始めの1、2年は、まだ

表面がやわらかく、やがて強い歯に成熟していきます。ですから、**永久歯で気をつけなければならない時期は、乳歯がすべて抜《ぬ》け、永久歯が生えそろう「交換期《こうかんき》」で、だいたい5歳から小学校卒業のころまでです。**

永久歯の生え始めは、下の奥歯《おくば》（第一大臼歯《だいいちだいきゅうし》）の先が、ちょこっと見えてくることが多いのですが、これが最も虫歯になりやすく、親《おや》御《ご》さんはたいへんですが、仕上げみがきは必要です。

「小学生になったら、子どもに任せる」と思ってしまう人が多いのですが、子どもだけでは、ほとんどみがけていないと思ったほうがよいでしょう。**特に第《だい》一《いち》大《だい》臼《きゅう》歯《し》をしっかりみがくのは難しく、4、5年生ごろまでは、仕上げみがきが大切です。**

「シーラント」
虫歯になりやすい奥歯の溝を埋めておく方法

「シーラント」という、予防法もあります。初期虫歯になりやすい奥歯《おくば》の溝《みぞ》を埋《う》めておく方法です。乳歯の時期にすでに虫歯があって心配な子どもは、歯科医師と相談しながら、予防に取り組まれるのがよいと思います。

永久歯で最も虫歯になりやすい歯

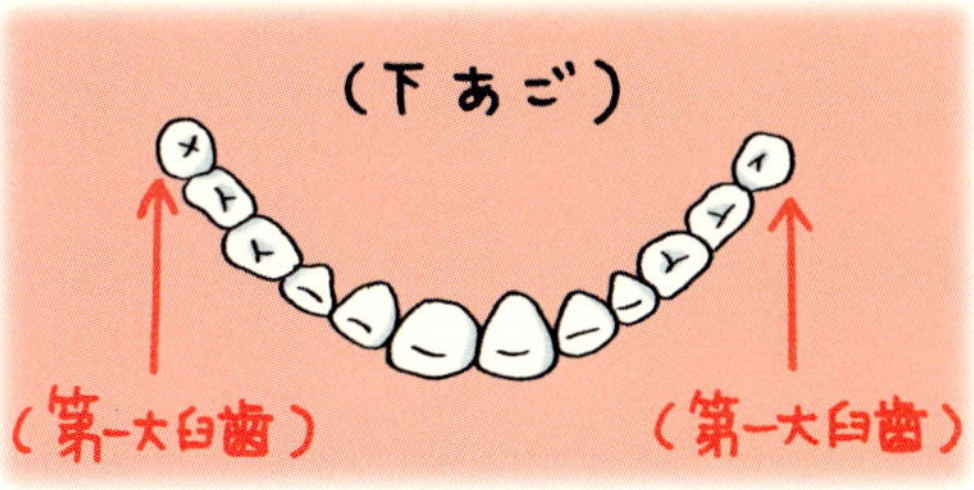

6歳を過ぎると、第一大臼歯が生え始めます。これが最も虫歯になりやすく、注意が必要です

歯並びが気になっています

Q 子どもの歯並びが悪くて心配しています。矯正はいつごろから考えたほうがいいのでしょうか。

子どもの歯並びで心配なことがあれば、小学校入学ごろに、一度、「歯列矯正専門医《しれつきょうせいせんもんい》」に相談されると、将来の見通しがつくと思います。

乳歯の時期にできることは限られているので、**実際に矯正《きょうせい》するのは、だいたい永久歯に**

生《は》え替《か》わった小学生から、骨格の成長がほぼ終わる中高生ごろです。ただ、成長期に長く矯正器具《きょうせいきぐ》をつけなければなりませんし、基本的に健康保険は適用外ですので、まずは本人の気持ちをよく聞くことが大切です。

たとえ途中《とちゅう》で続けられなくなっても、あきらめる必要はありません。歯周組織が健康なら、大人になってからでもじゅうぶん矯正治療《きょうせいちりょう》は受けられます。

歯科

眼科

眼科医
植田 芳樹
橋本 義弘
舘 奈保子

情報の８割は、目から入るといわれます。
そんな大切な目ですが、中の仕組みはわかりにくいためか、間違った常識が広まりやすいのも事実です。
特に子どもの目で心配なのは、「視力」ではないでしょうか。自分が子どものころ、視力が落ちていくのに悩んだ経験から、「うちの子には、こんな思いをさせたくない」と考える方も多いようです。眼科医からの正しい知識を伝え、少しなりとも安心を届けられたらうれしいと思います。

「近視」＝「目が悪くなった」という考えは、間違いです

Q 1・0以上あった視力が、学校の検査で0・6に下がってしまいました。やはり子どもの生活態度に問題があるのでしょうか。

近視でも、近くは１・０以上見えています

学校の視力検査の時期が終わると、再検査が必要と言われた子どもたちが、次々と眼科を受診《じゅしん》に来ます。

「最近どんどん目が悪くなっていく」と心配し、真剣《しんけん》に相談をしてこられる親御《おやご》さんもあります。

しかし、**ここでいわれる「目が悪くなっていく」「学校健診《がっこうけんしん》で視力が下がった」という人のほとんどは、「近視」のことです。**

もちろん、近視以外の病気の場合もありますので、眼科での精密検査は必要ですし、それを見つけるための学校検査も大切です。

近視とは、ピントの合う距離が近くなったことをいいます

近視とは、目のピントの合う距離《きょり》が近いことをいいます。「近くは見えて、遠くはぼやける」という状態です。

近視が進めば、視力検査表（通常5メートル離《はな》れた場所に張ります）の指標は当然見えにくくなり、学校健診《がっこうけんしん》の結果では「視力が下がった」となります。

しかし、**ピントの合う距離《きょり》が近くに移っただけなので、「近くは見えている」のです。**もっといえば、ピントの合う場所は1・0以上見えていますし、メガネでピントの合う位置を変えれば、遠くでも1・0以上見えます。また、近視でない人よりも、近くは楽に見えるといえます。

近視が進む、最大の原因は？

難しい話はさておき、**「ピントの合う距離《きょり》が近くなる」のに最も影響《えいきょう》するものは、「目の長さ」です。**黒目（角膜《かくまく》）の頂点から、目の奥《おく》（網膜《もうまく》）までの奥行《おくゆ》きの長さなのです。この距離《きょり》が長い人ほど近視となり、逆に短い人は遠視となります。

生まれたときは、まだ目が小さい（「目の長さ」が短い）ため、みんな遠視の状態です。

そこからだんだんと目が大きくなり、正視に近づきます。その後、目がさらに大きくなる人が近視となっていくわけです。

大きくなるといっても、極端《きょくたん》に表現すると、ラグビーボールのような奥行《おくゆ》きの長い眼球になっていくのです。身長と同様、伸《の》びるのを止めることができない代わりに、どこまでも伸《の》び続《つづ》けることもありません。

体がぐんぐん大きくなる成長期に、近視も進む傾向《けいこう》にあるのは、こういったことからです。

「大人になっても近視が進んだ」と思う人がありますが、実際に測ってみると、そんなに変わっていないものです。成長の大きい小中学生ぐらいがいちばん進み、20歳ごろまでに止まる人がほとんどです。

時々、片目だけ近視の進むことがあります。「両目の大きさは変わらないのに、どうして?」と思うかもしれませんが、これも目の形（奥行《おくゆ》き）の成長の違《ちが》いによるものです。

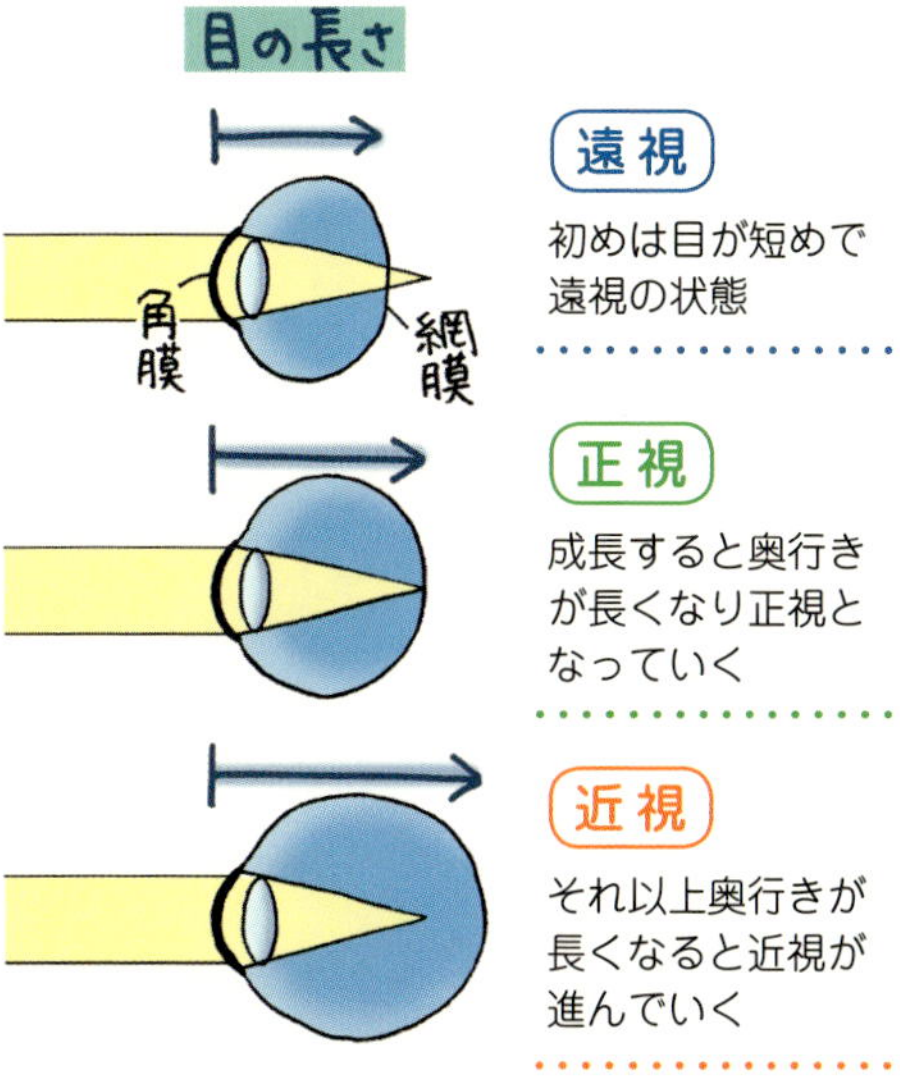
目の長さ
角膜
網膜
遠視
初めは目が短めで遠視の状態
正視
成長すると奥行きが長くなり正視となっていく
近視
それ以上奥行きが長くなると近視が進んでいく

見た目は同じでも、右目と左目でかなり差が出る場合があります。決して「寝転《ねころ》んで本を読んでいたから」などというわけではないのです。

右、1.0
左、0.6です
ほら見なさい!!
マンガ禁止!
いつも寝転《ねころ》んでマンガばっかり見てるから、片目だけ悪くなっちゃったじゃないの!!
あはは
ゴロン
時々片目だけ近視が進むことがありますが
左右でも目の長さが違《ちが》うことがあるのです
ガミ
ガミ
寝転《ねころ》んで本を読むのは行儀《ぎょうぎ》が悪いといえますが、近視になったのはそのせいではありません。怒《おこ》らないでくださいね

目の「長い人」「短い人」

眼科医は近視を「目が悪くなった」とは考えません。「目の病気」でもありません。目の力としては、どこかの距離《きょり》では、1・0が見えるのですから。

医者が「目が悪くなった」と言うのは、何らかの病気や外傷などにより、「どの距離《きょり》でも、どんなメガネをかけても、1・0の視力が出ない」ことを指しています。

確かに、メガネやコンタクトレンズを使うようになるのは、面倒《めんどう》ですし、たいへんと思うでしょう。しかし、それらを使えば遠くもよく見えますし、最近は使いやすいコンタクトレンズや、おしゃれなメガネも出ています。

時々、「メガネをかけると近視が進む」と思っている人がありますが、かけ始めの数年が、いちばん、買《か》い替《か》えの多い時期なので、ついそう感じてしまうのでしょう。度が強くなっていくのも、目の長さの成長によるものなのです。

人それぞれ、身長には違《ちが》いがあります。これは「高い人がよい」「低い人がよい」というものではなく、個人差、個性といえます。

同様に、**目にも「長い人」もいれば、「短い人」もいます。身長と同じく、個人差、個**

性といえるでしょう。近視には、将来、老眼による不便が起こりにくいなどのメリットもあるのです。

お母さん、最近メガネかけてもぼやけるようになってきた
そろそろメガネを買《か》い替《か》えないとね
メガネなんてしてるから近視が進むのよ
進む方じゃない
メガネの度が進むのは成長して、目が大きくなったからです
今はちょうど成長期だね！
ん！
大人になれば、それほど近視が進むことはありません
そういえばよしおさんはメガネちっとも買い替えないわ……

テレビやゲームは、どれくらい影響するの？

近視の主な原因は「目の長さ」である、とお話ししました。

しかし、「テレビを見る時間が長いと近視が進む」というのは、世間でよくいわれていることです。このような「生活習慣」も、近視に影響《えいきょう》を及《およ》ぼすのでしょうか。

結論からいうと、現代の医学では、テレビやゲームなどの影響《えいきょう》で、近視が進むとも進まないとも証明されていません。多くの医学研究がなされていますが、「少しは影響《えいきょう》があった」というものもありますし、「影響《えいきょう》がなかった」と発表しているものもあります。

何かしらの生活習慣で、目の長さが伸《の》びやすくなることはあるのかもしれません。ただ、**少なくともみんなが心配しているほどの影響《えいきょう》はないと思います。**

では、なぜこれほど、「テレビを見る時間が長いと近視が進む」といわれるのでしょうか。

それは、ずっと近くのものを見つめていると、一時的に焦点《しょうてん》が近くになり、遠くが見えにくくなって「視力が落ちた」と思う場合があるからです。実際、「学校健診《がっこうけんしん》で0・6に下がった」と心配していても、知らないうち

親御さんが心配しているほど、テレビやゲームで近視が進むことはなさそうです

に戻《もど》っていた、ということもあるのです。ところが、これを「近視が進んだ」と思《おも》い込《こ》み、「テレビやゲームは危険だ」と騒《さわ》がれるようになったのだといわれています。

視力低下は、育て方のせいではありません

今の小中学生は、テレビやマンガ、ゲーム、パソコン、勉強、塾通《じゅくがよ》い……と、近くを見ることの多い生活習慣が、1日の大半を占《し》めています。日本の一種の文化ともいえるでしょう。それらをまったくせずに、「遠くだけを見て過ごそう」と思っても、無理な話です。

そして、子どもの視力が問題になってくると、「ゲームが悪い」「マンガがよくない」「テレビの見すぎ」と、語られ始めます。親は、子どもがちょっとでもテレビを見ていると、目が悪くなるような不安にかられ、ついその生活態度にイライラしてしまいます。「何とか視力を回復させたい」と、さまざまな情報に振《ふ》り回《まわ》されてしまう気持ちもよくわかります。

しかし、**近視が進んだのは、子どもが悪いからでも、育て方のせいでもありません。身長のような「個性」ですし、近くを見ることの多い生活習慣が、多少影響《えいきょう》するとして**

も、みんなが思っているほどではないのです。

子どもや自分を責めず、近視を悪いものだと思《おも》い込《こ》まず、メガネやコンタクトレンズなど上手につきあっていきたいものです。

だからといって、「テレビやゲームは、いくらやってもいいんだ！」ということには、もちろんなりません。「外遊びの時間が長い子どもは、近視が進行しにくいかもしれない」という報告もありますし、やはり目の疲《つか》れない程度に時間を決め、明るい所で、距離《きょり》をとって、というのがよいようです。特に最近出てきている携帯用《けいたいよう》ゲーム機のような、かなり目に近づけるものは、気をつけたほうがいいでしょう。

ゲームといえば、「目がよくなるゲーム」なども話題になっています。**視力アップを強調するものはたくさんありますが、どれも急速に目の長さを変えるような効果はありません。**何事も「ほどほどに」がいちばんだと思います。

こんな暗い部屋《へや》で本を読んでいたら
目が悪くなるでしょー!!
TOP
ハイハイテレビは3メートル以上離《はな》れてね!!
バックオーライ
STOP
バックオーライ
ゲームなんてしたらいっぺんに目が悪くなるわよっ!!
没収《ぼっしゅう》
あー
バッ
STO
これだけしたんだから次の視力検査ではきっと……
ピリピリ
ピリ
ピリピリ
STOP
ガーん
ぷるぷる
視力検査 結果
右 1.0
左 0.6
精密検査を受けてくださ
○月○日
○○小学校
また低下してる……

「ダメ親」
「だらしない子ども」だと
言われたような
敗北感……
な、なぜ……
うきゃああー
手遅《ておく》れになる前に
何とかしなきゃー!!
視力矯正トレーニング
14日間!
力回復プログラム
驚異の視力アップ
毎日5分
遊びながら
視力回復!!
ブルーベリー
子どもの
視力が低下
するのは
もしもし
お母さんの
せいでも、
子どもが
悪いから
でもないですよ
むうっ
主に目の長さに
よるもので、
身長と同じように
個性と考えていいと思います
そんなに
がんばらない
でくださいね
「ダメ親」でも
「だらしない子ども」
でもありません！
あ、
ありがとうございます

「レーシック」について聞かせて

Q メガネなしでハッキリ見えるようになるといわれる、「レーシック」とは、どんな手術ですか？

メガネを手離せる日は近い？

近視の矯正《きょうせい》には、メガネとコンタクトレンズが基本ですが、最近は「レーシック」という手術が出現し、広く行われています。

先ほど、近視は「目の長さ（眼軸長《がんじくちょう》）」が主な原因とお話ししましたが、詳《くわ》しくいえば、それに「角膜《かくまく》（黒目）」「水晶体《すいしょうたい》」を加えた3つで決まります。角膜《かくまく》と水晶体《すいしょうたい》は、目の中に入る光を曲げて、ピントを合わせる作用があります（ただ、角膜《かくまく》と水晶体《すいしょうたい》は成長過程ではほとんど変化しないので、近視が進む原因は主に「目の長さ」といえます）。

レーシックは、この中で「角膜《かくまく》（黒目）」をレーザーで削《けず》り、形を変えることによってピントの合う位置を変え、近視を矯正《きょうせい》する方法です。**「レーザーで黒目を削《けず》る」と聞くと不安に思いますが、日本では、これまで100万件以上の手術が行われ、実際に視力が矯正《きょうせい》できています。**

「痛そう！」と思われる方もありますが、麻酔《ますい》の目薬をしますので、痛みはありません（終わったあとに少しチクチクすることはあります）。

ただし、成長期が終わるころまでは目の長さが伸《の》びる（近視が進む）ことがありますので、基本は20歳を過ぎてからですね（健康保険は適用外です）。

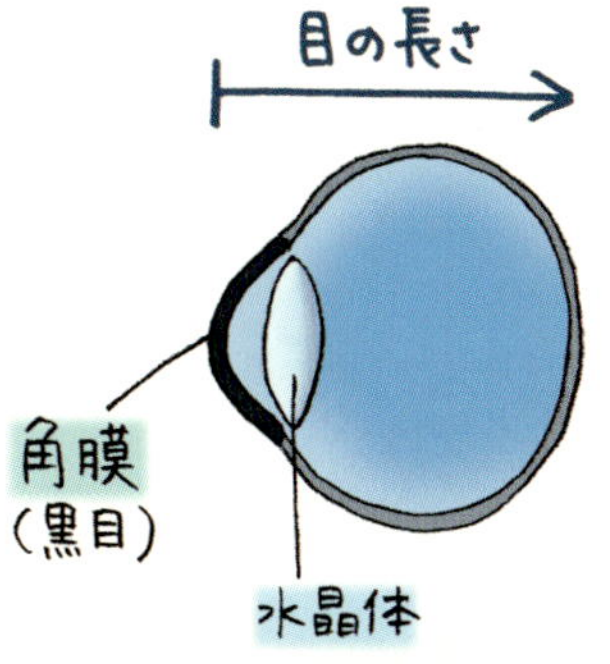

レーシックは、角膜を削ることで視力を矯正します

赤ちゃんの目が時々、斜視のように見えます

Q 産院を退院したばかりですが、赤ちゃんの目が斜視のように見えることがあって心配しています。

赤ちゃんの目で、知っておきたいこと

産院を退院したばかりのときは、赤ちゃんのちょっとしたことでも、本当に気になりますよね。

「私の子は斜視《しゃし》じゃないかしら？」と思う親御《おやご》さんは、意外と多くあります。

「斜視《しゃし》」とは、片方の目が、横や上下などの別の方向を向いていることをいいます。

生まれたてのころは、軽い斜視《しゃし》の子が多いですし、顔形の作りからそのように見えることもあります。ちなみに生後3カ月までに、時々、斜視《しゃし》があるのは異常とはいえません（時々ではなく、ずっとあれば別です）。

斜視《しゃし》の場合、眼科医がいちばん心配するのは、「目そのものに病気がないか」ということと、「目の発達に影響《えいきょう》しないか」の2つです。どちらも問題がなければ、たとえ斜視《しゃし》でもあわてる必要はありません。

まず、自分の直感を信じましょう。何といってもお母さんは子どもの顔を毎日、見ています。目を毎日、見つめています。そのお母さんから見て「最近、赤ちゃんの目がおかしい」と思ったら、一度、受診《じゅしん》されることをお勧《すす》めします。

初めはわからなくても、こうしているうちに目が合うようになるのがふつうです

乳幼児でも、視力検査が大切なの？

Q 3歳児健診を受ける際に、自宅で視力を測ってくるように言われましたが、なかなかうまく測れないのです。大切なことなのでしょうか。

「弱視」は早期発見が大切

生まれてきた赤ちゃんは、まだ「明るい・暗い」や、ぼんやりとした輪郭《りんかく》ぐらいしか見えていません。やがて形や色が見え始め、動く物を目で追えるようになります。そして、

外の物をしっかり見ることによって、視力が少しずつ発達し、5、6歳ごろまでには、大人と同じ程度に成長します。

しかし、この時期に、目の病気などが原因で、外の物がぼやけてしか見えないと、視力が発達しなくなり、どんなメガネをかけても、どの距離《きょり》でも、1・0の視力が出ない目になってしまいます。これを「弱視」といいます。

「うちの子の目は、ちゃんと発達してるの？」と心配するかもしれませんが、乳幼児健診《にゅうようじけんしん》などでの定期的な視力検査を受けていれば、大きな問題になることはあまりないと思います。

弱視の治療《ちりょう》は、早ければ早いほど、より効果があります。3歳までは視力が測定しにくいことを考えると、3歳児健診《さいじけんしん》※が特に重要ですので、忘れず受けるようにしましょう。視

外の物をしっかり見ることによって、視力が少しずつ発達します

※満3歳を超え、4歳に満たない幼児が受けるもので、自治体によっては、「3歳半健診」の所もあります。

力を、家で測っていかなければならない場合は、下記の注意を参考にしてください。わからないことがあれば、保健師等に相談してください。

3歳児健診《さいにけんしん》のときに弱視が発見されれば、早期治療《そうきちりょう》ができます。そこからの訓練で視力は伸《の》びます。 眼科医の指示に従い、メガネなどの治療《ちりょう》をしっかりと行いましょう（成長した子の近視のメガネは遠くを見るための道具ですが、弱視の治療《ちりょう》のメガネは薬のようなものです）。

たとえ就学前健診《しゅうがくまえけんしん》で見つかっても、人の視力は8歳ごろまでは発達するといわれますので、伸《の》ばせる可能性はあります。

家庭で視力を測るときの注意点

機嫌に応じて測り直すこと

測定しないほうの目をしっかり隠すこと

どうしてこんなに「目やに」が多いの？

Q 最近、赤ちゃんの目やにが多くて気になるのですが……。

ふいたら治まる？　それとも一日じゅう出る？

大人でも「朝起きたら、目やにがある」ものですが、赤ちゃんは時々、目やにが多くて驚《おどろ》くことがあると思います。

涙《なみだ》はいつも少しずつ出ていて、目の表面を潤《うるお》し、目頭の小さな穴から管（涙道《るいどう》）を通って鼻へ抜《ぬ》けています。泣いたときに出る鼻水は、元はといえば涙《なみだ》です。この管の通りが悪いと、目やにになります。赤ちゃんは、涙道《るいどう》が細いこともあって、目やにが出やすくなるのです。特に、風邪《かぜ》を引いたり、鼻炎《びえん》になったりしたときには、涙《なみだ》も鼻へ抜《ぬ》けにくくなるので、目やにが増えます。**顔を洗ったあと、出なければ心配いりません。顔を洗ったりふいたりして清潔に保つだけでよいでしょう。**

しかし、一日じゅう、目やにが出るのは別です。これは「結膜炎《けつまくえん》」が起きている可能性があります。結膜炎《けつまくえん》とは、白目の部分に細菌《さいきん》やウイルス、何らかのアレルギーが悪さをすることです。といっても、そんなに怖《こわ》い病気ではなく、自然に治ることも多いのです。「目やに、充血《じゅうけつ》、涙目《なみだめ》」などの症状《しょうじょう》が消えるまでは、「うつるかもしれない」と考えて行動しましょう。例えば、目やにはティッシュでふいて捨てる、タオルは別の物を使用する、などです。

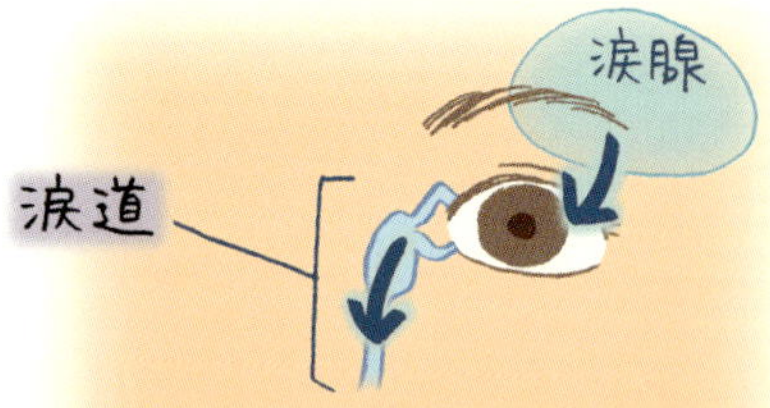

涙はいつも少しずつ出ていて、目を潤したあと、鼻へ抜けます。涙道が詰まると、目やにになります

軽いものは、家で様子を見てよいのですが、一日じゅう、目やにが多く出るとき、自分からまぶたを開けないとき、機嫌《きげん》が悪いときは、眼科を受診《じゅしん》することをお勧《すす》めします。

目の周りをこするなどして、白目がゼリーのように飛び出してくることがあります。とても驚《おどろ》きますが、白目がまぶた同様にはれているだけなので、本人がケロッとしていれば心配いりません。

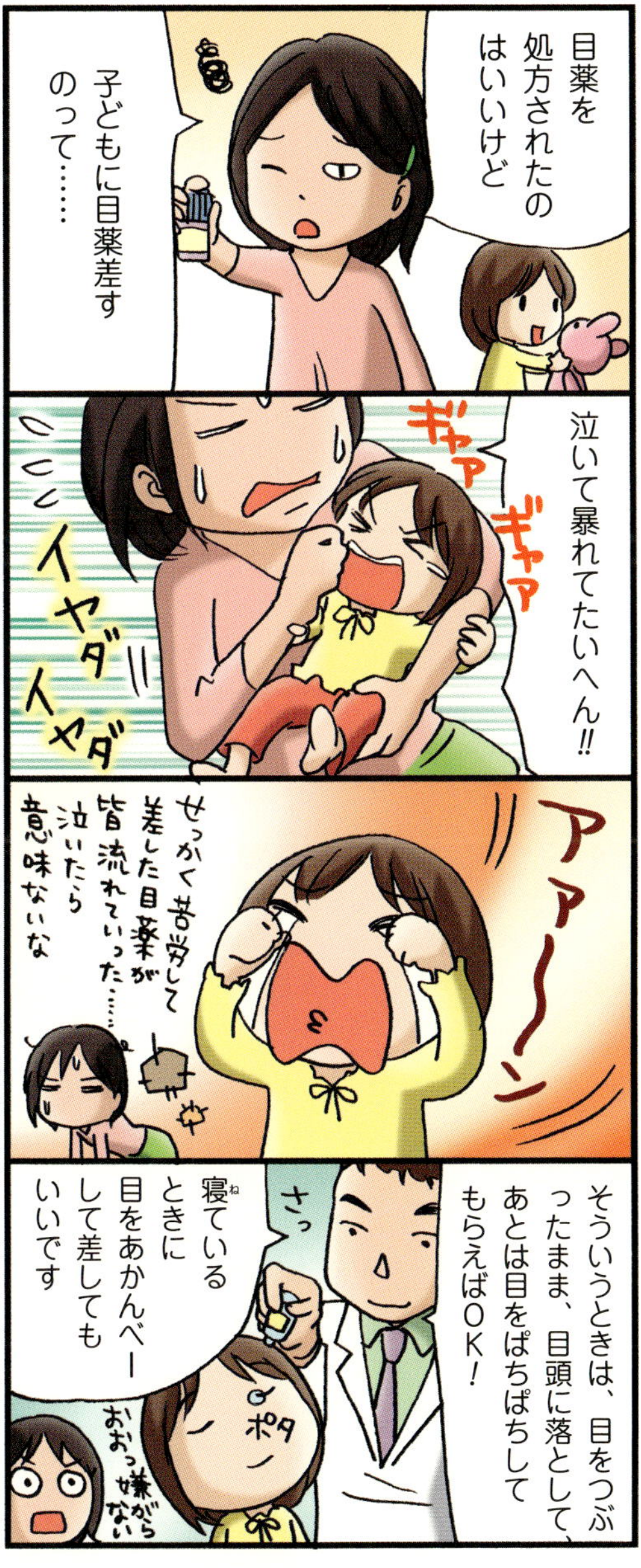
目薬を処方されたのはいいけど
子どもに目薬差すのって……
泣いて暴れてたいへん!!
ギャア
ギャア
イヤダ イヤダ
アァ〜〜ン
せっかく苦労して差した目薬が皆流れていった……
泣いたら意味ないな
そういうときは、目をつぶったまま、目頭に落として、あとは目をぱちぱちしてもらえばOK!
寝《ね》ているときに目をあかんべーして差してもいいです
さっ
ポタ
おおっ嫌がらない

眼科

小児科

小児科医
吉崎 達郎

「はじめに」の小児科から出発し、いろいろな科を回って、帰ってきました。時には他の医者の力も借りながら、子どもの健やかな成長をサポートするのが、かかりつけ医である小児科の仕事です。その一端を、これまでのページで見ていただきました。これから、小児科の部屋に入ります。
「熱が出たときに行く所が小児科」というイメージは、今も昔も変わりませんが、小児科は、それだけではありません。アレルギーの病気や発達障害といった現代の病気にも対応しつつ、広い視野を持ち、親子をサポートしていく所。それがこれからの小児科なのです。

子どもによくある感染症

子どもが熱を出したり、セキをしたり、発疹《ほっしん》が出たり……。いつもと少しでも様子が違《ちが》うと、親は心配になるものです。

このような症状《しょうじょう》が出る場合、多くは「感染症《かんせんしょう》」です。感染症《かんせんしょう》は、細菌《さいきん》やウイルスが体の中で悪さをする病気です。インフルエンザ、RSウイルス感染症《かんせんしょう》、溶連菌感染症《ようれんきんかんせんしょう》、手足口病、ヘルパンギーナ、水痘《すいとう》（水ぼうそう）、おたふく風邪《かぜ》、突発性発疹症《とっぱつせいほっしんしょう》などなど……。小児科医は、感染症《かんせんしょう》の子どもを診《み》ない日はないといってもいいくらいです。

感染症から子どもを守りたい

感染症《かんせんしょう》から子どもを守りたい。これはママやパパの切実な願いだと思います。医学もそのために日進月歩してきました。しかし、１００パーセント避《さ》けて通ることはできないのです。

人は、社会の荒波《あらなみ》にもまれ、一人前の社会人としてたくましく成長していきます。**赤ちゃんも、いろんな細菌《さいきん》やウイルスにもまれ、時には苦労することもあるでしょうが、乗り切る方法を少しずつ学んでいくのです。**

といっても、大波に襲《おそ》われて立ち直れなくなってはいけませんので、特に初めのころは、周囲のサポートは欠かせません。感染症《かんせんしょう》と闘《たたか》う子どもの力を引き出せるように、ママやパパが子どものケアをすることがそれに当たりますし、医療《いりょう》も、その1つです。**経験を積んでいくうちに、やがて子どもは波を独《ひと》りで乗《の》り越《こ》えていけるようになるのです。**

うちの子はよく風邪を引くけれど、体が弱いの？

統計では、1、2歳児は、年間10回ぐらい風邪《かぜ》を引くといわれています。**熱が出るたびに、ママやパパは本当に心配になると思いますが、毎月のように調子を崩《くず》すからといって、特別、体が弱いわけではないのです。**

細菌《さいきん》やウイルスに感染すると免疫《めんえき》ができて、次に同じものが侵入《しんにゅう》してきたときに、速やかに撃退《げきたい》できるようになります。これを獲得免疫《かくとくめんえき》と呼びます。鼻・のど・気管支・腸などの粘膜《ねんまく》で、バリアの役割を果たす免疫《めんえき》（自《し》然《ぜん》免疫《めんえき》と呼びます）と、この獲《かく》得《とく》免疫《めんえき》の働きのおかげで、成長とともに感染症《かんせんしょう》にかかりにくくなっていくのです。

自然免疫

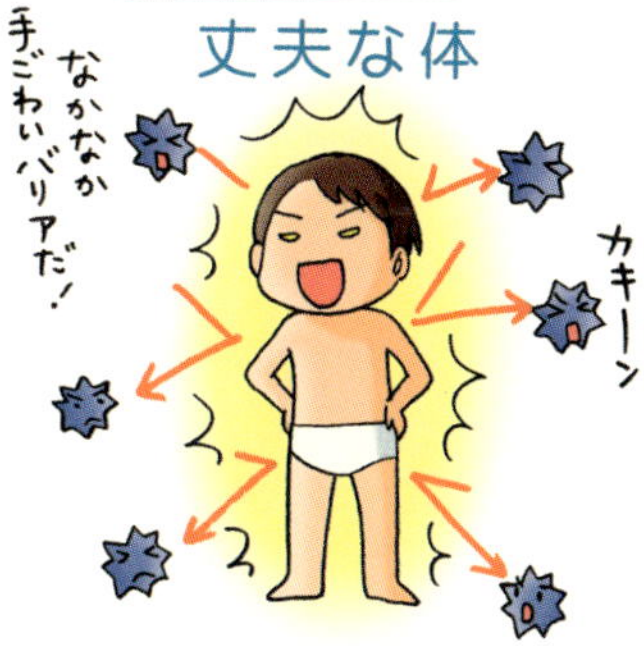

バリア機能は、成長とともに強くなります

獲得免疫

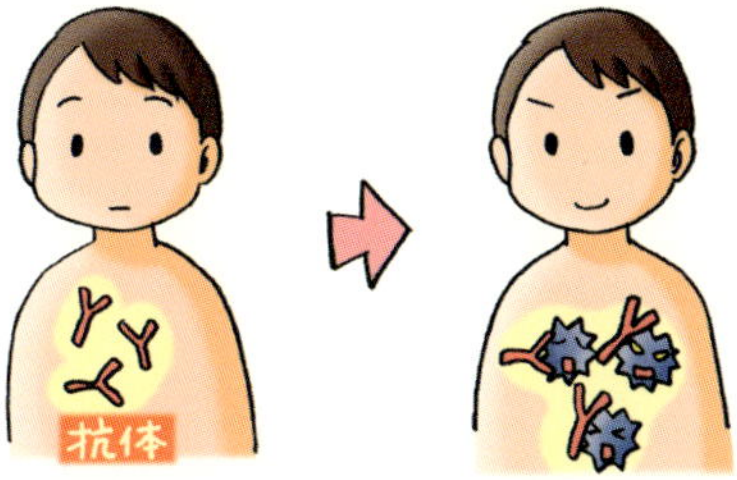

細菌やウイルスが体に入ると抗体が作られます

再び同じ細菌やウイルスが侵入したときに、抗体が撃退します

小児科

敵の動きを知る――4とおりの感染ルート

感染は、ウイルスや細菌《さいきん》が体内に入ることから始まります。**侵入《しんにゅう》しやすいのは、鼻やのど、胃や腸などの粘膜《ねんまく》です。**入ってくると、鼻水やセキ、嘔吐《おうと》、下痢《げり》などの防衛《ぼうえい》反応《はんのう》が起こりますが、実はその中に病原体がたくさん含《ふく》まれ、ほかの人へうつっていきます。

感染のしかたは、次の4つです。種類によっては、複数の感染経路をとります。

① 飛沫感染《ひまつかんせん》

感染者がセキやくしゃみをしたとき、口から飛ぶ小さな水滴《すいてき》（飛沫《ひまつ》といい、病原体を含《ふく》みます）を吸《す》い込《こ》むことで感染します。飛沫《ひまつ》が飛び散る範囲《はんい》は1、2メートルです。

溶連菌《ようれんきん》、百日《ひゃくにち》ゼキ菌《きん》、インフルエンザウイルス、アデノウイルス、マイコプラズマなどが飛沫感染《ひまつかんせん》を起こします。

② 空気感染

口から出た飛沫《ひまつ》の水分が蒸発し、病原体が空気の流れによって、漂《ただよ》いながら広がります。近くの人だけでなく、離《はな》れている人も感染します。

水痘《すいとう》ウイルス、麻疹《ましん》ウイルスなどが空気感染を起こします。

③ 接触感染《せっしょくかんせん》

感染している人に触《ふ》れた場合（握手《あくしゅ》、抱《だ》っこ、ふざけ合いなど）と、ウイルスや細菌《さいきん》がくっついた物（ドアノブ、手すり、おもちゃなど）に触《ふ》れて感染が起こる場合とがあります。

大腸菌《だいちょうきん》、ＲＳウイルス、水痘《すいとう》ウイルス、インフルエンザウイルス、アデノウイルスなどが接触感染《せっしょくかんせん》を起こします。

④ 経口感染

大腸菌《だいちょうきん》やノロウイルス、ロタウイルスなど、食べた物や、口に入った物から感染します。

病原体を完全にシャットアウトすることはできませんが、敵の動きを知れば、手洗い、うがいをしたり、食べ物の扱《あつか》いに気をつけたり、吐物《とぶつ》や排泄物《はいせつぶつ》の処理を工夫したりするなど、対処のしかたが見えてきます。

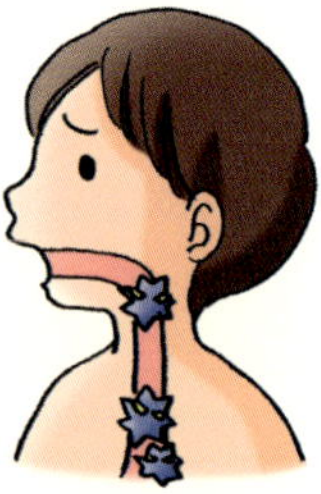

インフルエンザと溶連菌感染症、「発熱」のケアは同じ

いろいろな感染症《かんせんしょう》がありますが、同じ症状《しょうじょう》には、ケアも同じでOKです。例えば、**インフルエンザで熱が出た場合も、溶連菌感染症《ようれんきんかんせんしょう》で熱が出た場合も、発熱へのケアは変わりません。**※何の病気かわからなければ、何もできないということはありません。

それぞれの症状《しょうじょう》へのホームケアをまとめると、次のようになります。

※これはホームケアについての説明です。入院中の治療は異なる場合があります。

★ホームケアのポイント

発熱

寒いと言えば暖かくし、暑いと言えば涼《すず》しくする。水分補給も忘れずに。

セキ

加湿《かしつ》・保温・水分補給。

ゴクゴク

寝るときにしてもいいニャ
zzz

鼻水

鼻水を吸い取る。加湿《かしつ》と保温。

ちん

嘔吐

吐《は》いた物をのどに詰《つ》まらせないように気をつける。吐《は》き始《はじ》めの数時間は何も飲ませない。その後、水分を与《あた》えるときは少量をこまめに。

お母さん のど渇《かわ》いた。何か飲みたい
吐《は》くとつらいからしばらく様子を見てからね

ほんの少しずつ飲もうね
まず一口からよ
うん

下痢

水分・塩分・糖分補給。
おしりのケアも。

◆詳しくは、『子育てハッピーアドバイス 知ってて よかった 小児科の巻』をごらんください。

砂糖
塩
シャワー おねがい します♡

慣れないうちは、疑問がたくさん出てくると思います。「水分が大事だというけれど、ミルク以外の飲み物を与《あた》えてもいいのかしら？」「解熱剤《げねつざい》を使って、ホントに大丈夫《だいじょうぶ》？」など、診察《しんさつ》のときに聞かれることがありますが、大丈夫《だいじょうぶ》です。初めはわからないことばかりですし、たとえうまくケアができなくても、少しぐらいなら子どもがちゃんと調節してくれます。

ママやパパがずっとそばにいてくれたり、飲み物を飲ませてくれたり……。そんな簡単なことが、子どもにとっては何よりもうれしいものなのです。

予防接種の基礎知識

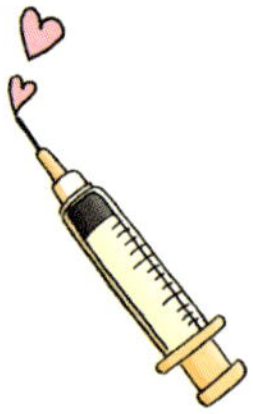

人間の免疫力《めんえきりょく》を利用して、病気を予防しようとするのが「予防接種」です。
赤ちゃんが生まれてくると、息つくヒマもなく受けなければならないのでたいへんですが、スケジュールは、次の情報を目安に、かかりつけ医と相談して決めたらよいと思います。

要チェック！　予防接種スケジュールの目安

感染症《かんせんしょう》は、かかりやすい年齢《ねんれい》があります。ですから予防接種も、順番を考えて受けたほうがいいのです。

① DPT（三種混合）は、できるだけ早く

百日ゼキは乳児早期から発生が見られます。月齢《げつれい》が小さいほど病状が重くなりやすい病気です。**対象は生後3カ月からですので、できるだけ早く受けましょう。**

② ヒブ※〔任意接種〕はもっと早く

ヒブ髄膜炎《ずいまくえん》は、1歳までにかかりやすい病気です。6カ月未満の乳児の占《し》める割合も少なくありません。**生後2カ月から受けられるので、これもできるだけ早く受けましょう。**

※ヒブ（Hib）は、"Haemophilus influenzae type b"の略で、ヒブ感染症の予防接種。

③ ポリオは急がなくてもよい

ポリオは年2回の集団接種の地域が多く、「受けそびれたら、しばらく次のチャンスがない」とあせったり、「そろそろ予防接種を始めようか」と思い立ったときに、たまたま

DPTは
ジフテリア
百日ゼキ
破傷風の
三種混合です
百日ゼキは乳児早期からかかる病気なので早めに受けましょう

乳幼児期に
重い病気を
起こします。
接種を
お勧めします！

ポリオの接種日が近かったりするためか、「初めて、あるいは2番めに受ける予防接種がポリオ」というケースを時々見かけます。しかし、**ポリオの自然発生は1980年以降、日本では報告されていません。ポリオの優先順位は低いのです。**

④ 1歳のお誕生日に、はしかの予防接種を！

はしかは特に気をつけたい感染症《かんせんしょう》の1つです。定期接種は1歳からですが、1歳前にかかってしまうこともあります。近くではしかの発生がある場合は、早めに受けることも可能です（一般的《いっぱんてき》に、9カ月以降に任意接種として行う）。

⑤ 任意接種の水ぼうそうとおたふく風邪、どっちが先？

水ぼうそうは、1歳の子どももかかりますが、おたふく風邪《かぜ》は、ほとんど2歳以降です。ですから、**両方とも受けるならば、水ぼうそうの予防接種を先に受けることをお勧《すす》めします。**

水ぼうそうは
1歳以前から
おたふく風邪は
ほとんど
2歳以降

「副反応」が怖くて、受けるかどうか悩みます

予防接種を受けたあとに、発熱や接種部位が赤くはれることがあります。これを「副反《ふくはん》応《のう》」といいます。

ワクチンの効果と副反応《ふくはんのう》は光と影《かげ》の関係ですから、まったく副反応《ふくはんのう》がないワクチンを作ることはできません。しかし、**最近はできるだけ副反《ふくはん》応《のう》を抑《おさ》える工夫がなされていますから、過剰《かじょう》に心配する必要はありません。**

めったに起こらないことですが、特に重く、緊急対《きんきゅうたい》応《おう》が必要な副反応《ふくはんのう》（アナフィラキシー）は、接種後30分以内に起こります。「30分は接種会場の近くにいるか、すぐに接種医と連絡《れんらく》が取れるようにしておきましょう」と案内されるのは、このためです。

受ける手間
副反応
費用
仕事を休めない
重症化のおそれ
病気になったらかわいそう
うちは
どうしようかな

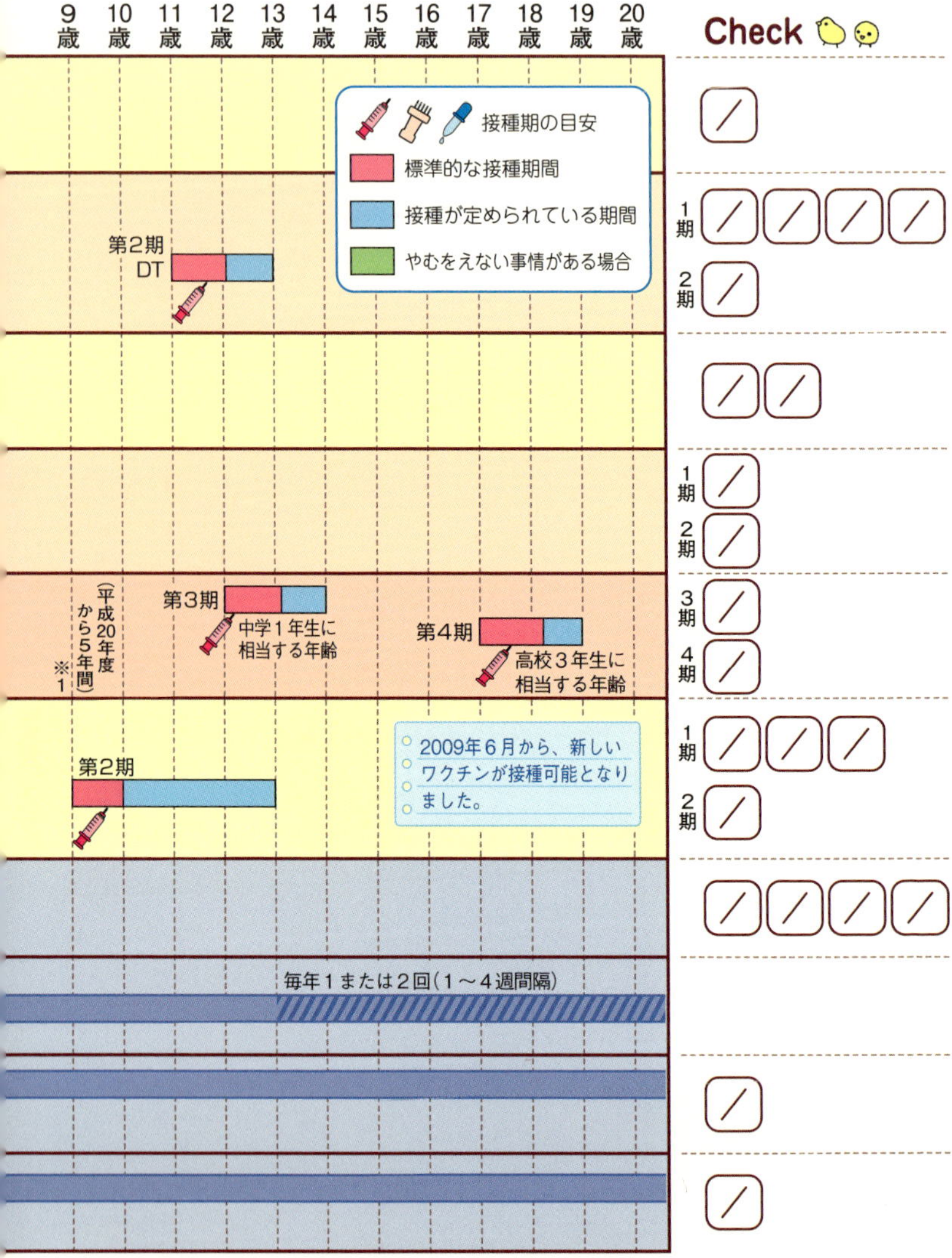
9歳 10歳 11歳 12歳 13歳 14歳 15歳 16歳 17歳 18歳 19歳 20歳
Check
接種期の目安
標準的な接種期間
接種が定められている期間
やむをえない事情がある場合
第2期
DT
1期
2期
1期
2期
第3期
中学1年生に相当する年齢
第4期
高校3年生に相当する年齢
※1（平成20年度から5年間）
3期
4期
第2期
2009年6月から、新しいワクチンが接種可能となりました。
1期
2期
毎年1または2回（1〜4週間隔）

接種方法については、制度の変更などによって変わります。
詳しくは、かかりつけ医や、市町村の予防接種を
担当している課にご相談ください。

予防接種カレンダー

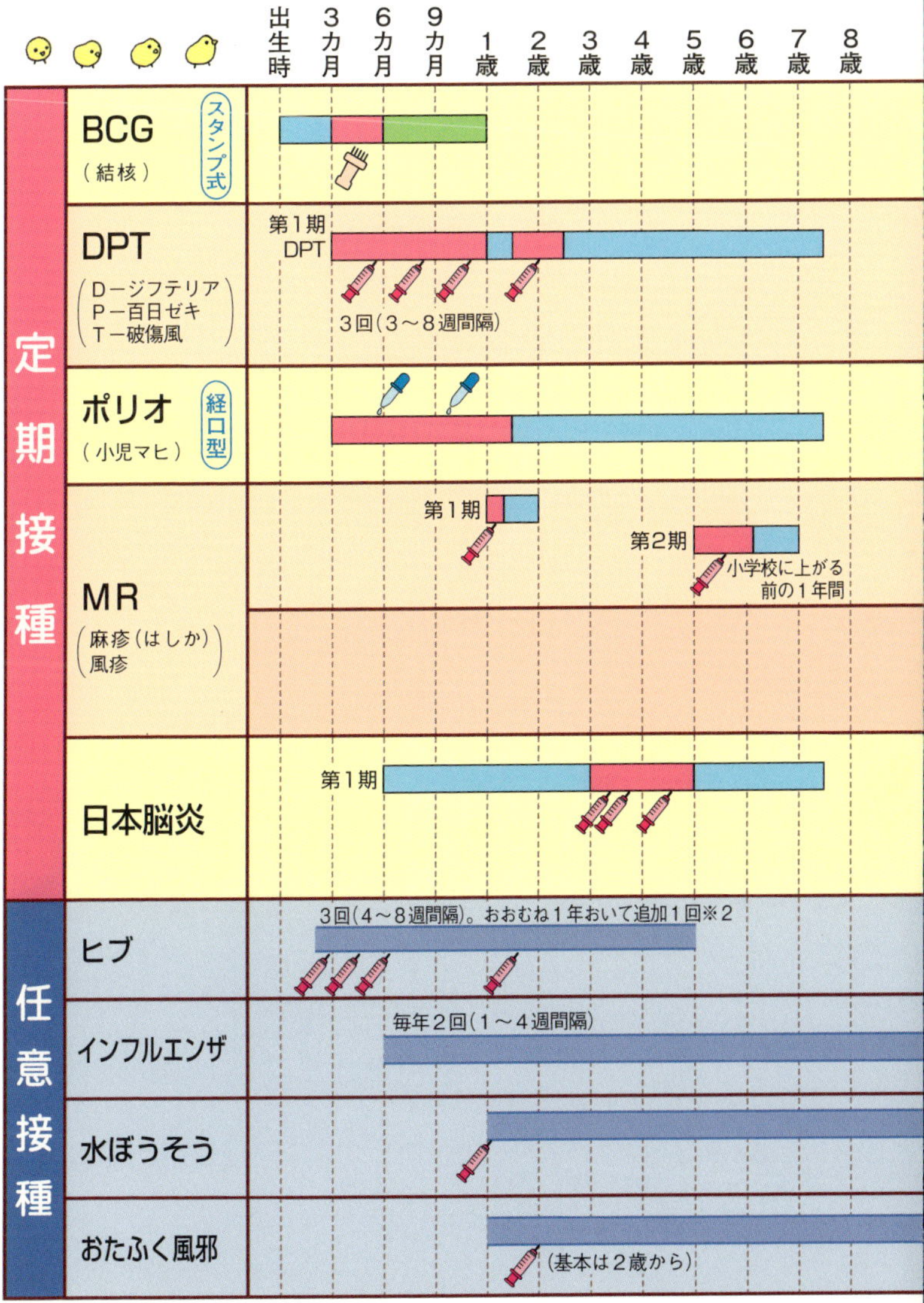

出生時
3カ月
6カ月
9カ月
1歳
2歳
3歳
4歳
5歳
6歳
7歳
8歳
定期接種
BCG
（結核）
スタンプ式
DPT
（D－ジフテリア
P－百日ゼキ
T－破傷風）
第1期
DPT
3回（3～8週間隔）
ポリオ
（小児マヒ）
経口型
MR
（麻疹（はしか）
風疹）
第1期
第2期
小学校に上がる
前の1年間
日本脳炎
第1期
任意接種
ヒブ
3回（4～8週間隔）。おおむね1年おいて追加1回※2
インフルエンザ
毎年2回（1～4週間隔）
水ぼうそう
おたふく風邪
（基本は2歳から）

※1）平成20年4月から平成25年3月の期間に該当年齢に達した人が対象です。

※2）接種間隔は、医師が必要と認めた場合は、3週間間隔で接種可能。
標準として2カ月齢以上、7カ月齢未満で接種を開始する。7カ月齢以降に接種を開始する場合は、接種回数をかかりつけ医にお尋ねください。

アレルギーのお話

問題は外ではなく、内にあり

感染症《かんせんしょう》と並んで、とても気になるのが、アレルギーの病気です。代表的なものは、食物アレルギー、アトピー性皮膚炎《せいひふえん》、アレルギー性鼻炎《せいびえん》（その一部を花粉症《かふんしょう》といいます）、気管支喘息《きかんしぜんそく》です。感染症《かんせんしょう》は、外から体内に侵入《しんにゅう》したウイルスや細菌《さいきん》が原因ですが、**アレルギーは、ふつうは無害な花粉や食べ物などに、体が免疫反応《めんえきはんのう》を起こしてしまうのが原因です。**これをアレルギー反応《はんのう》といいます。問題は外ではなく、自己の内にあるのです。

こんな症状となって現れます

アレルギーの病気は、「皮膚炎《ひふえん》」「鼻炎《びえん》」「気管支炎《きかんしえん》」「結膜炎《けつまくえん》」と、体の部位に「炎《えん》（＝炎症《えんしょう》）」とつくものが多いのです。アレルギー反応《はんのう》の結果として生まれるのが炎症《えんしょう》です。炎症《えんしょう》は、だいたい次のような症状《しょうじょう》となって現れます。

小児科

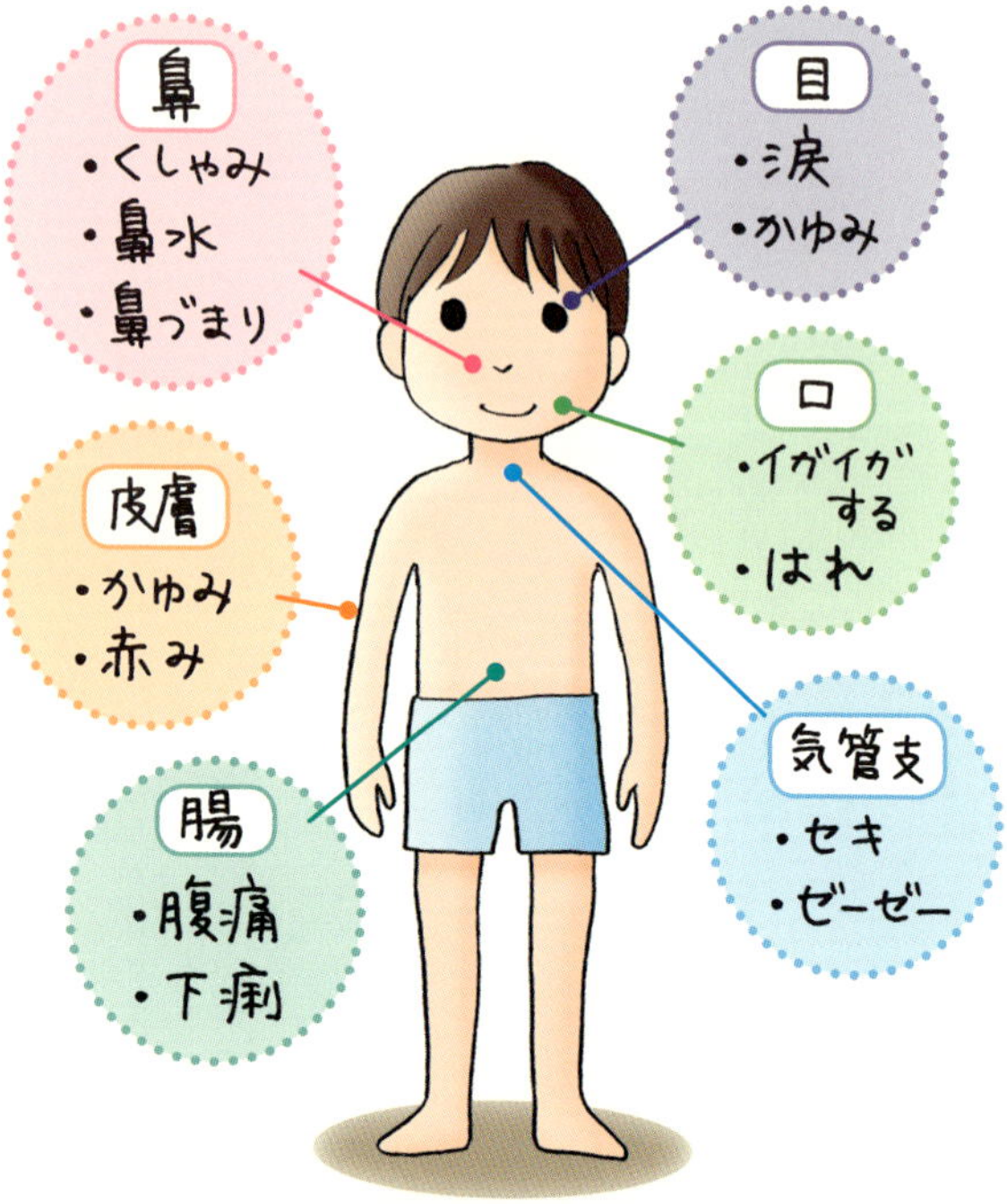
鼻
・くしゃみ
・鼻水
・鼻づまり
目
・涙
・かゆみ
口
・イガイガする
・はれ
皮膚
・かゆみ
・赤み
気管支
・セキ
・ゼーゼー
腸
・腹痛
・下痢

アレルギーは、こんな症状となって現れます

これらは、アレルギー反応《はんのう》を起こしやすい体質を持っている人が、環境因子《かんきょういんし》（例えば花粉症《かふんしょう》の場合は花粉）に繰《く》り返《かえ》し触《ふ》れることによって発症《はっしょう》します。ですから、**主に外界との接点（皮膚《ひふ》、目・鼻・のど・気管支・腸の粘膜《ねんまく》など）に起こるのです。**

もしかしてアレルギー？と思ったら……

セキ・鼻水、湿疹《しっしん》、下痢《げり》など、症状《しょうじょう》の出始めで軽いうちは、アレルギーかどうかを判断するのは、受診《じゅしん》したとしても難しいものです。どちらにしても、**軽い場合は特別な対処は**

いりませんので、「もしかしてアレルギー？」と深刻にならず、ふだんどおりの生活をしていれば、**自然に落ち着いていくことが多いのです。**

長引く場合は、セキやゼーゼーなら小児科、鼻水・鼻づまりなら耳鼻科、湿疹《しっしん》なら皮膚《ひふ》科《か》、目のかゆみなら眼科など、それぞれの科の診察《しんさつ》を受けてみてください。アレルギー科では、いろんな症状《しょうじょう》への総合的な診察《しんさつ》を受けることができます。

治療のゴールまでの基本

アレルギー疾患《しっかん》はいろいろありますが、基本は共通しています。基本をシッカリ押《お》さえておけば、病気の理解や治療《ちりょう》にも応用が利《き》くものです。

短期的には、炎症《えんしょう》を抑《おさ》えて、とりあえず「治った」と思える状態になることが大切です。これは、適切なケアによって、比較的《ひかくてき》達成しやすいゴールです。

長期的には、炎症《えんしょう》が抑《おさ》えられた状態を維持《いじ》し、皮膚《ひふ》や粘膜《ねんまく》のバリア機能を強化して、症《しょう》状《じょう》が起こらないようになることです。これが長期的な目で見た治療《ちりょう》のゴールです。

「強化する」というと、周囲からの働きかけで強くできるように聞こえますが、実際は、子どもの成長に伴《ともな》って「強くなる」のです。**これがアレルギー疾患《しっかん》における「自然治癒力《しぜんちゆりょく》」といえるでしょう。**

調子が悪くなるものの目星をつける

何が子どものアレルギーの環境要因《かんきょうよういん》になっているかは、「これと接触《せっしょく》したあとは調子が悪くなる」「これを食べたらじんましんが出る」など、**家庭や保育園の生活でできるだけ「目星」をつけることが大切です。**

いきなり血液検査を受けたとしても、あくまでも机上の数値であって、たとえ数値が高くても、実際は食べても問題がないことも多いのです。だから目星をつけたうえで、その確認のために検査を受けるようにしたらよいと思います。

行ってきまーす!
あら、そういえば最近症状が出なくなったわ

成長に伴って、アレルギーの病気
（特にアトピー性皮膚炎と乳児期発症の食物アレルギー）
は治ることが多い

長いつきあいになりますが

治療《ちりょう》で最も大事なことは、環境《かんきょう》の悪化要因（ハウスダスト、花粉など）から遠ざかることです。アレルギー反応《はんのう》を抑《おさ》える抗《こう》アレルギー薬《やく》や、炎症《えんしょう》を抑《おさ》えるステロイド薬も欠かせませんが、それは「アレルギー反応《はんのう》を起こしやすい体質」を変えるものではないのです。

「いつまで薬を使えばいいんですか？」と心配そうに尋《たず》ねる親御《おやご》さんがありますが、「感染症《かんせんしょう》と違《ちが》って、アレルギーの病気とは長いつきあいになります。薬も長く使いますが、少しよくなったからといって、途中《とちゅう》で治療《ちりょう》をやめないことが大事です。疾患《しっかん》によってもだいぶ異なりますが、子どもはアレルギーの病気を治す力も持っています。そこまで一緒《いっしょ》にがんばりましょう！」とお答えしています。

悪化要因がわかる場合は、
できるかぎり
遠ざかりましょう

おわりに

子どもも、つらい病気と闘って、がんばっています。見守る親も、必死な思いでがんばっています。

明橋　大二

先日、近くの皮膚科《ひふか》クリニックから、あるお母さんの相談に乗ってあげてほしいと依頼《いらい》が来ました。

お子さんがアトピー性皮膚炎《せいひふえん》で、治療《ちりょう》しているが、お母さんが相当参っているようだから、という理由でした。

数日後、予約の日に訪れたそのお母さんは、今までの積もり積もった悩《なや》みを、ぽつぽつと語りだしました。

子どもがアトピー性皮膚炎《せいひふえん》で治療《ちりょう》しているが、一進一退でなかなかよくならないこと。そのうちに、ママ友から、ステロイドはよくないよ、と言われたり、義理の父から、うちの家系には、こんな子はいない、あんたの家系じゃないかと言われたり、周りから傷つくことばかり言われること。

夫は単身赴任《たんしんふにん》で頼《たよ》ることができず、相談相手も身近にいないこと……。

「そんな中で、お母さん、何とかこの子のアトピーを治してやろうと思って、一《いっ》生懸命《しょうけんめい》がんばってこられたんですね」と言うと、お母さんの目から、みるみる涙《なみだ》がこぼれてきました。

「私のせいで、この子はこうなったんです。だから、何とか私が治してやらないといけないんです」とお母さんは言われました。

聞くと、妊娠中《にんしんちゅう》に、家庭内のストレスで、食事がじゅうぶん取れなかった時期があり、そのために、この子がアトピーになったと思《おも》い込《こ》んでおられるようなのでした。


私から、決してそれがアトピーの原因ではないこと、だから、お母さんは決して自分を責める必要はないこと、むしろ、こんなにたいへんな状況《じょうきょう》の中で、それでも子どものために一生懸命《いっしょうけんめい》がんばっている自分を、ぜ

ひほめてあげてほしいこと、そして、子どもも、一進一退のように見えるかもしれないけれど、波はありながらも、いちばん悪い時期に比べたら、確実によくなっていることを、私なりに精いっぱいお伝えしたのでした。

今回、この本で取り上げた中には、アトピーやアレルギーなど、気長につきあう必要がある病気があります。

子どもがつらい思いをしていると、まず周囲は子どもに目がいって、「かわいそうに」「何で治らないのかしら」とつい言ってしまいます。

もちろん子どももつらい病気と闘《たたか》って、がんばっています。しかし、それと同じくらい、それを見守る親も、必死な思いでがんばっているのです。

そういう親のつらさや、不安がじゅうぶんに理解され、周囲からしっかり支えられることも、私は子どもの治療《ちりょう》と同じくらい、大切なことではないかと思うのです。

ぜんそく発作《ほっさ》で、夜中に何度も夜間救急に駆《か》けつけるときの、今にも呼吸が止まるのではないかという不安、体じゅうがかゆくて、かきむしるのを何とか止めようとして夜中じゅうつきあうつらさ、そういうことは、体験した者でなければ、なかなかわからないかもしれません。

しかし、そういうことが少しでも理解され、子どもとともに、親の苦労もねぎらわれたなら、そして、親に正しい知識と安心感がきちんと伝えられたなら、今より、さらに子どもを生み育てやすい世の中になるに違《ちが》いないと思うのです。

そのささやかなきっかけとなることを念じて、そして、この国に、親子の笑顔《えがお》がさらに増えることを念じて、この本を贈《おく》ります。

主な感染経路			アドバイス
飛沫	空気	接触（経口）	
○		○	インフルエンザ脳症の予後不良因子である解熱剤（ジクロフェナクナトリウム、メフェナム酸）の使用を控える。小児の解熱剤はアセトアミノフェンを使用する。異常行動を起こすおそれがあるといわれている薬の使用にかかわらず、発症後少なくとも48時間は子どもから目を離さない。
○		○	カタル期の抗菌薬が、除菌と症状軽減に有効。痙咳期に入ってからの抗菌薬は除菌効果のみ。生後3カ月から予防接種を受けることができるので、早めに受けておくとよい。
○	○	○	接触後72時間以内のワクチン接種は、麻疹の発症を防ぐ可能性があるといわれているが、家族内接触の場合、潜伏期間の接触があるため、効果はあまり期待できない。このような場合には、人免疫グロブリンで発症を防いだり、軽症化させたりすることができる。
○			母親が妊娠初期の検査で風疹ウイルスに対する免疫を持たないとわかった場合、出産後の入院中、あるいは1カ月健診で、次の出産に備えて予防接種を受けておくとよい。
○		○	はれて痛みが強ければ、頬やあごを冷やすとよい。
○			ほとんどの場合、抗菌薬の服用を開始して速やかに症状は軽快するが、処方された抗菌薬をすべてのむことが大切。
○		○	主に夏季に流行が見られるが、年間を通じて発生する。感染の拡大を防ぐため、タオルの共有は避ける。
○	○	○	接触後72時間以内なら、ワクチン接種が有効なことがある。ただし、家族内接触の場合は、潜伏期間の接触があるため、効果はあまり期待できない。
○		○	原因ウイルスが複数あるため、繰り返し発症することがある。「手足口病」といっても、必ずしも、手・足・口すべてに水疱ができるわけではない。
○		○	原因ウイルスが複数あるため、繰り返し発症することがある。口の痛みが強い場合、プリンやアイスクリームなら食べられることも多い。
		○	かかるのは、5歳未満の乳幼児（特に2歳未満）が多い。
		○	5歳以上（成人含む）も多く発症する。ノロウイルスが蓄積した食品を介して感染する。嘔吐物や便からも感染するので、吐物やおむつの扱いには注意を！　嘔吐で汚れた物は、熱か塩素系漂白剤で処理する。

子どもによくある感染症一覧

感染症名		潜伏期間	主な症状・経過
インフルエンザ		1～3日	高熱、鼻水、のどの痛み、セキなど。頭痛、筋肉痛、関節痛、嘔吐や下痢などを伴うこともある。症状が軽いケースも。
百日ゼキ		1～2週	発熱はなく、乾いたセキが、1～2週間かけて次第にひどくなっていく〔カタル期〕。特に夜中にひどくなり、発作的にせき込む特有のセキが2～3週間程度続く〔痙咳期〕。2～3週間（時に数カ月）かけて徐々にセキは軽快していく〔回復期〕。
はしか（麻疹）		1～2週	38℃の発熱、セキ、鼻水から始まる。いったん解熱するが、すぐに高熱が出て3～4日続く。高熱とともに耳後部より発疹が出て、顔→体→手足へと広がり、癒合する。3～4日の高熱の後、発疹は消退して、しばらくの間、色素沈着が残る。
三日はしか（風疹）		2～3週	熱と同時に発疹が全身に広がる。発疹は3～4日で消える。発疹は癒合せず、色素沈着も残さない。耳の後ろや、首のリンパ節がはれるのが特徴。
おたふく風邪（流行性耳下腺炎）		2～3週	耳の下やあごのはれから始まり、発熱を伴う。はれは片側だけのこともある。痛みは1週間ほど続くことも。
溶連菌性咽頭（扁桃）炎		1～4日	発熱・のどの痛みが主な症状。数日たって発疹が出ることもある。通常、セキは出ない。
咽頭結膜熱		5～7日	39℃以上の高熱が、5日前後続く。のどの痛みとともに、目の赤みや、痛み、目やになどの眼症状を伴う。
水ぼうそう（水痘）		2～3週	発疹は、虫刺されのようなかゆみを伴う紅斑から始まり、数時間～半日ほどで全身に広がる。紅斑は水疱になり、やがて枯れてかさぶたになる。発熱を伴うこともある。
手足口病		2～7日	夏に流行する風邪の1つ。手・足・口に水疱状の発疹ができる。発疹はかさぶたを作らずに治癒する。発熱は37～38℃程度。口内炎や嘔吐や下痢を伴うことがある。
ヘルパンギーナ		2～7日	夏に流行する風邪の1つ。突然の39℃以上の発熱が、1～3日程度続く。のどに水疱・潰瘍ができる。強い痛みのために食事が取れなくなることもある。
ウイルス性胃腸炎	ロタウイルス	1～3日	白っぽい下痢便が特徴とされている。下痢は1週間以上長引くこともある。嘔吐を伴うことも多く、通常、半日～1日程度で治まるが、時に、それ以上続くこともある。
	ノロウイルス	1～2日	主な症状は嘔吐と下痢。発熱（あまり高くないことが多い）、頭痛、倦怠感を伴うこともある。嘔吐は通常、1～2日程度で治まる。ロタウイルス腸炎よりも症状は比較的軽い。

〈参考資料〉

●耳鼻科

切替一郎(原著)野村恭也(編著)『新耳鼻咽喉科学[改訂10版]』南山堂、2004年

日本耳科学会・日本小児耳鼻咽喉科学会・日本耳鼻咽喉科感染症研究会(編)
『小児急性中耳炎診療ガイドライン2009年版』金原出版、2009年

鼻アレルギー診療ガイドライン作成委員会『鼻アレルギー診療ガイドライン2005年版』ライフ・サイエンス、2005年

ARIA日本委員会『ARIA2008〈日本語版〉』協和企画、2008年

ばーちゃる耳鼻科(九州大学医学部耳鼻咽喉科) http://www.qent.med.kyushu-u.ac.jp/oldvirtual/index.html

●皮膚科

竹原和彦『「アトピー」知って! アトピー性皮膚炎の真実』芳賀書店、2000年

原田昭太郎(監修)川島眞ほか(編)『アトピー性皮膚炎 よりよい治療を求めて』インテンディス、2002年

古江増隆ほか「アトピー性皮膚炎診療ガイドライン」(『日本皮膚科学会雑誌』119-8)2009年

『臨床皮膚科』60-3、医学書院、2006年

●歯科

荒川浩久ほか「フッ化物UP DATE!」(『デンタルハイジーン』27-6、医歯薬出版)2007年

五十嵐清治・吉田昊哲(編)『世代をつなぐ小児歯科』クインテッセンス出版、2009年

熊谷崇・熊谷ふじ子・藤木省三・岡賢二・Douglas Brathall『クリニカルカリオロジー』医歯薬出版、1996年

武内博朗『う蝕とペリオの(微生物学的)リスク低減治療講座』学際企画、2004年

中嶋省志「初期齲蝕の再石灰化の原理[前編][後編]」(『デンタルハイジーン』25-6・7、医歯薬出版)2005年

日本小児歯科学会(編)『乳幼児の口と歯の健診ガイド』医歯薬出版、2005年

花田信弘(監修)武内博朗・早川浩生(著)『チェアーサイドの3DSってなに?ガイドブック』
デンタルダイヤモンド社、2002年

福田雅臣「知っておきたい! フッ化物とキシリトール」(『デンタルハイジーン』23-6、医歯薬出版)2003年

眞木吉信「いろいろあるフッ化物製剤 どう使い分ける?」(『歯科衛生士』32-3、クインテッセンス出版)2008年

8020推進財団 http://www.8020zaidan.or.jp

●眼科

大野京子「小学生の視力低下の現状とその進展予防」(『小児科』50-4、金原出版)2009年

日本眼科学会屈折矯正手術に関する委員会「エキシマレーザー屈折矯正手術のガイドライン」
(『日本眼科学会雑誌』113-7)2009年

David Taylor・Jane Walker・Christine Timms(著)瀧畑能子(訳)『斜視—Q&A101』メディカル葵出版、2006年

Chua WH et al. Atropine for the treatment of childhood myopia. Ophthalmology 2006:113:2285-91

Rose KA et al. Myopia, lifestyle, and schooling in students of Chinese ethnicity in Singapore and Sydney.
Arch Ophthalmol 2008:126(4):527-30

●小児科

海老澤元宏「食物アレルギーの自然経過」(『アレルギー・免疫』16-4、医薬ジャーナル社)2009年

海老澤元宏ほか『食物アレルギーの診療の手引き2008』2008年

厚生労働省『保育所における感染症対策ガイドライン』2009年

小林陽之助・金子一成(監修)『食物アレルギーの治療と管理[改訂第2版]』診断と治療社、2008年

日本小児科学会ほか(編)加藤達夫(監修)『予防接種のすべて2006』日本小児医事出版社、2006年

日本小児感染症学会(編)『日常診療に役立つ小児感染症マニュアル2007[改訂第2版]』東京医学社、2006年

古江増隆「アトピー性皮膚炎の自然経過とエンドポイント」(『アレルギー・免疫』16-4、医薬ジャーナル社)2009年

※本書は子どもの体や病気などの一般的な知識の一部を提供する本です。
特殊な病気に関する事柄まで網羅しているものではありません。

イラスト

太田　知子（おおた　ともこ）

昭和50年、東京都生まれ。
２児の母。
イラスト、マンガを仕事とする。

アレルギー、アトピー、中耳炎、とびひ……。どれも子どもを持って初めて体験することで、本当にオロオロしてしまいます。正しい知識を持っているだけで、心のゆとりがまるで違うものですね。
私もイラストを描くに当たって、いろいろ勉強になりました。

装幀・デザイン　遠藤 和美

著者略歴

【耳鼻科】

真鍋　恭弘（まなべ　やすひろ）

昭和36年、香川県生まれ。耳鼻咽喉科医。福井医科大学医学部卒業。湖北総合病院耳鼻咽喉科、福井医科大学附属病院耳鼻咽喉科をへて、真生会富山病院耳鼻咽喉科部長兼副院長。医学博士。耳鼻咽喉科専門医。

徳永　貴広（とくなが　たかひろ）

昭和50年、神奈川県生まれ。耳鼻咽喉科医。富山医科薬科大学医学部卒業。福井大学医学部附属病院耳鼻咽喉科・頭頸部外科をへて、舞鶴共済病院耳鼻咽喉科。

【皮膚科】

花川　博義（はなかわ　ひろよし）

昭和42年、岡山県生まれ。皮膚科医。福井医科大学医学部卒業。金沢大学附属病院皮膚科、富山市民病院皮膚科、舞鶴共済病院皮膚科、能登総合病院皮膚科をへて、真生会富山病院皮膚科医長。皮膚科専門医。

【相談室】

明橋　大二（あけはし　だいじ）

昭和34年、大阪府生まれ。精神科医。京都大学医学部卒業。国立京都病院内科、名古屋大学医学部附属病院精神科、愛知県立城山病院をへて、真生会富山病院心療内科部長。児童相談所嘱託医、スクールカウンセラー、ＮＰＯ法人子どもの権利支援センターぱれっと理事長。

【歯科】

花崎　広子（はなさき　ひろこ）

昭和35年、香川県生まれ。歯科医。徳島大学歯学部卒業。開業医勤務をへて、真生会富山病院歯科。

【眼科】

植田　芳樹（うえた　よしき）

昭和56年、滋賀県生まれ。眼科医。大阪大学医学部卒業。富山大学附属病院眼科をへて、真生会富山病院アイセンター。

橋本　義弘（はしもと　よしひろ）

昭和36年、兵庫県生まれ。眼科医。福井医科大学医学部卒業。金沢大学附属病院眼科およびその関連病院をへて、真生会富山病院副院長。眼科専門医。

舘　奈保子（たち　なおこ）

昭和33年、広島県生まれ。眼科医。

神戸大学医学部卒業。

京都大学眼科学教室およびその関連病院、愛知医科大学眼科学教室をへて、真生会富山病院アイセンター医長（眼科部長）。

眼科専門医。

富山県眼科医会理事。


【小児科】

吉崎　達郎（よしざき　たつお）

昭和48年、徳島県生まれ。小児科医。

大阪大学医学部卒業。

大阪大学医学部附属病院産婦人科、市立吹田市民病院産婦人科、阪南中央病院小児科をへて、真生会富山病院小児科。

医学博士。

子育てハッピーアドバイス
もっと知りたい　小児科の巻 2

平成21年(2009) 11月16日　第1刷発行

著　者　吉崎　達郎　　明橋　大二　ほか
イラスト　太田　知子

発行所　1万年堂出版
〒101-0052　東京都千代田区神田小川町2-4-5F
電話　03-3518-2126
FAX　03-3518-2127
http://www.10000nen.com/

印刷所　凸版印刷株式会社

ISBN978-4-925253-39-0　C0037　　Printed in Japan

子育てハッピーシリーズ

明橋大二 著
イラスト✻太田知子

子育ての基礎を、この一冊に凝縮

子育てハッピーアドバイス

★「赤ちゃんに抱きぐせをつけてはいけない」と、言う人がありますが、これは間違っています

★10歳までは徹底的に甘えさせる。そうすることで、子どもはいい子に育つ

★「がんばれ」より、「がんばってるね」と認めるほうがいい

★叱っていい子と、いけない子がいる

●定価980円（5%税込）
四六判 192ページ
ISBN4-925253-21-2

Q&Aの実践編 年齢別のしつけのしかた

子育てハッピーアドバイス②

★『三つ子の魂百まで』の本当の意味とは？
「3歳までに、しつけをしなければならない」と、言う人がありますが、それは間違っています

★子どものやる気を引き出す言い方とは？

★「言えば言うほど、逆効果」になってしまう。どうすれば、しつけや勉強が自然に身につく子どもに育てられるのか？

●定価880円（5%税込）
四六判 160ページ
ISBN4-925253-22-0

心がかる〜くなると大好評

自立心を養い、キレない子に育てるには

子育てハッピーアドバイス３

★「子育てに自信がない」のがふつうなのです。
ぜひ、自信がないことに自信を持ってください

★親が肩の力を抜くと、親が楽になります。
親が楽になると、子どもも楽になります

★反抗は自立のサイン。
イタズラは、自発性が育ってきた証拠

★子どもをせかしてしまいます。
どうしたら、もう少し待てるようになるでしょうか

◉定価880円(5%税込)
四六判 160ページ
ISBN4-925253-23-9

お父さんの子育ては、とっても大切!

忙しいパパのための子育てハッピーアドバイス

★男が、なぜ、子育てを?
かわいい子どもの未来に、非常に大きなプラスになるからです

★夫婦のコミュニケーションがうまくいっていると、
子どもも安心して成長し、自立していきます

★母親の心をいかに支えるか。
これが、実は、父親の子育てで、最も大切なポイントなのです

◉定価980円(5%税込)
四六判 192ページ
ISBN978-4-925253-29-1

親のこころ

木村耕一 編著

親として、子として、
大切なものを、
見失っていませんか？

「ありがとう」が
涙で言えなくて……

（体験談の一例）

死の淵に立つ母の手が伸び、付き添って寝る私の掛け布団を力なく引き上げてくれた

母は、息絶えるまで私のことを、末っ子で手のかかる子供という眼差しで見ていました。卵巣ガンで最後だと分かった時に、母のベッドの横にベッドをつけ、姉、兄、姉、私と、皆で一晩ずつ付き添いました。

私が付き添った時、眠れないでいる私に、母の手が伸びてきました。寝ていると思い、掛け布団を直してくれているのです。力なく布団を引き上げる様子、目を開けられなかった。忘れられません。

ありがとう、母さん。

（愛知県　54歳・女性）

◉定価1,575円（5％税込）
四六判 上製 288ページ ISBN4-925253-11-5

歴史上のエピソードと、二千通の応募作品から選んだ体験談で、親子の絆をつづります。忘れかけていた親の愛が知らされ、涙なくしては読めない一冊。

エピソード編の主な内容

- 水戸黄門
「誕生日は、最も粗末な食事でいい。この日こそ、母を最も苦しめた日だからだ」
- 野口英世の母
「どんなことがあっても、おまえだけは一生安楽に養い通すぞ、たとえこの母が食べるものを食べずとも」

体験談編の主な内容

- 「母の涙を初めて見た日、どれだけ愛されているかを知りました」
- 「この子を産んだら、あなたは一〇〇パーセント死にます。いいのですか……」
- 親は、子供が「ただいま」と家に帰ってくるまで心配なんだ

明橋先生（共著）のロングセラー

なぜ生きる

高森顕徹 監修
明橋大二（精神科医）
伊藤健太郎（哲学者）
著

◉定価1,575円（5％税込）
四六判 上製 368ページ
ISBN4-925253-01-8

こんな毎日のくり返しに、どんな意味があるのだろう？

生きる目的がハッキリすれば、勉強も仕事も健康管理もこのためだ、とすべての行為が意味を持ち、心から充実した人生になるでしょう。病気がつらくても、人間関係に落ち込んでも、競争に敗れても、「大目的を果たすため、乗り越えなければ！」と〝生きる力〟が湧いてくるのです。（本文より）

読者からのお便りを紹介します

忙しい現実から逃げたくなるときが、たまにあり……、この本を買いました！目標をきちんと立て、それに向かっていけば、どんなことでも乗り越えられると思いました。弱い自分がだんだん消えていっています！（東京都　36歳・女性）

この本を、1行、1行読み進むうちに、遠くに一つの光が見えてきたように感じます。それは、文章では表現しきれませんが、「生きる意味」です。子どもが成長していくとき、この気持ちを伝えていきたいです。（千葉県　32歳・女性）

看護師という職業柄、患者さんと本気で向き合うためには、もっと自分を深めなければならないと思い、この本を手にしました。読み終えてみると、明らかに読む前の私と違った私がいました。（青森県　33歳・女性）